Library of
Davidson College

Studia Linguistica Germanica

Herausgegeben
von
Stefan Sonderegger

16

Walter de Gruyter · Berlin · New York
1979

Jelle Stegeman
Aspekte der kontrastiven Syntax
am Beispiel des Niederländischen und Deutschen

Jelle Stegeman

Aspekte der kontrastiven Syntax am Beispiel des Niederländischen und Deutschen

Walter de Gruyter · Berlin · New York
1979

CIP-Kurztitelaufnahme der Deutschen Bibliothek

Stegeman, Jelle:
Aspekte der kontrastiven Syntax
am Beispiel des Niederländischen und Deutschen / Jelle Stegeman.
— Berlin, New York : de Gruyter, 1979.
   (Studia linguistica Germanica ; 16)
   ISBN 3-11-008017 6

©

Copyright 1979 by Walter de Gruyter & Co., vormals G. J. Göschen'sche Verlagshandlung — J. Guttentag, Verlagsbuchhandlung — Georg Reimer — Karl J. Trübner — Veit & Comp. Berlin 30 — Printed in Germany — Alle Rechte der Übersetzung, des Nachdrucks, der photomechanischen Wiedergabe und der Anfertigung von Mikrofilmen, auch auszugsweise, vorbehalten.
Druck: Rotaprintdruck Hildebrand, Berlin
Bindearbeiten: Lüderitz & Bauer, Berlin

aan mijn ouders
aan Suzanne

Vorwort

Mein Dank gilt den Herren Prof. Dr. S.C. Dik, Prof. Dr. W.Gs. Hellinga, Prof. Dr. A. Kraak, Prof. Dr. A.J.B.N. Reichling, Prof. Dr. B.T. Tervoort, Prof. Dr. G. Stuiveling sowie Dr. F. Veenstra, deren Schüler ich während meines Studiums der Niederländischen Sprach- und Literaturgeschichte in Amsterdam war. Danken möchte ich auch Herrn Prof. Dr. Wolfgang Binder (Zürich), bei dem ich mein zweites Studium abschloss und der meine Lizentiatsarbeit begutachtete.

Besonders danke ich meinem Lehrer, Herrn Prof. Dr. Stefan Sonderegger (Zürich). Mit Interesse und wertvollen Ratschlägen hat er das Werden dieser Abhandlung begleitet. Ausserdem bin ich ihm für die vielen Anregungen und die Unterstützung bei meiner Tätigkeit als Lektor an der Universität Zürich sehr dankbar.

Ohne die Geduld und die umfangreiche, vielfältige Hilfe meiner Frau wäre es mir unmöglich gewesen, diese Arbeit zu vollenden. Für das Ueberprüfen des Manuskriptes bin ich meinem Freund Dr. Herbert Sommerlatte (Zug) sehr verbunden. Herrn Litz (Zug) danke ich für die Korrektur der englischen Zusammenfassung und meinen Kollegen vom Deutschen Seminar der Universität Zürich, insbesondere Herrn Dr. J. Etzensperger, für ihre Unterstützung.

Inhaltsverzeichnis

Vorwort	VII
1. Einleitung	1
1.1. Zur Geschichte der kontrastiven Grammatik	1
1.2. Einleitende Bemerkungen zur vorliegenden Arbeit	5
2. Die linguistische Relevanz der kontrastiven Grammatik	7
2.1. Der heterogene Charakter der kontrastiven Grammatik	7
2.2. Einige terminologische Unterscheidungen der kontrastiven Grammatik bei Horst Raabe	10
2.3. Der linguistische Status der kontrastiven Grammatik	17
3. Methodologische Probleme der kontrastiven Grammatik	22
3.1. Die Forderung nach einem einheitlichen Modell der kontrastiven Grammatik	22
3.2. Die Unzulänglichkeit der traditionellen Grammatik für die kontrastive Fragestellung	24
3.3. Einige Mängel der strukturalistischen kontrastiven Grammatik	26
3.4. Einige Probleme der transformationell-generativen kontrastiven Grammatik	29
3.5. Die Alternative als theoretisches Problem	38
4. Funktionale Syntax als Grundlage einer kontrastiven Grammatik	41
4.1. Einige Aspekte der grammatikalischen Funktion	41
4.2. Das Objekt der funktionalen Syntax	50
4.3. Regeln der funktionalen Syntax	51

Inhaltsverzeichnis

4.4.	Regeltypen der funktionalen Syntax	68
4.5.	Kontinuierliche und diskontinuierliche Regeln	74
4.6.	Rekursive Elemente	75
4.7.	Die Organisation der Regeln	77
4.8.	Perspektiven einer funktionalen Syntax für die kontrastive Grammatik	81

5. Grundzüge der funktionalen kontrastiven Syntax 83
    5.1. Die Objekte der funktionalen kontrastiven Syntax 83
    5.2. Die Problematik des tertium comparationis 87
    5.3. Das tertium comparationis als theoretisches Postulat 94
    5.4. Die tertia comparationis der funktionalen kontrastiven Syntax 96
    5.5. Analyse-Typen der funktionalen kontrastiven Syntax 98
    5.6. Bereiche der funktionalen kontrastiven Syntax 116

6. Einige funktionale kontrastive Beschreibungen des Niederländischen und des Deutschen 119
    6.1. Die Termini "Niederländisch" und "Deutsch" 119
    6.2. Einige Aspekte der Inkorporation 123
    6.3. Allgemeines zur Wortfolge in inkorporierten Sätzen 128
    6.4. Das SUBJEKT als Inkorporation 135
    6.5. Das PRAEDIKAT als Inkorporation 144
    6.6. Das GENITIVOBJEKT als Inkorporation 147
    6.7. Das INDIREKTE OBJEKT als Inkorporation 148
    6.8. Das DIREKTE OBJEKT als Inkorporation 149
    6.9. Das PRAEPOSITIONALOBJEKT als Inkorporation 159
    6.10. Das ATTRIBUT als Inkorporation 162
    6.11. Die ADVERBIALBESTIMMUNG als Inkorporation 169
    6.12. Folgerungen 181

7. Schlussbemerkungen 184

Inhaltsverzeichnis				XI

 8. Summary				187

 9. Literaturverzeichnis				190

10. Autorenregister				200

There are many issues for which I cannot even pretend to see solutions.

                                Charles J. Fillmore

1. Einleitung

1.1. Zur Geschichte der kontrastiven Grammatik

Im 18. und 19. Jahrhundert begann sich die Sprachwissenschaft vermehrt mit dem Vergleichen von Sprachen zu befassen. Als William Jones 1786 das Griechische und das Lateinische mit dem Sanskrit verglich, entdeckte er systematische Uebereinstimmungen zwischen diesen Sprachen. Bereits 1767 hatte der Franzose Gaston-Laurent Coeurdoux ähnliches festgestellt, aber dies blieb zu seiner Zeit unbeachtet.

Ausgehend von genealogisch verwandten Sprachen (d.h. indogermanischen resp. germanischen Sprachen) schrieb man vergleichende Grammatiken. Rasmus Rask leistete in dieser Beziehung Pionierarbeit. Grundlegend für die historisch orientierte komparatistische Sprachwissenschaft des 19. Jahrhunderts waren weiter u.a. Friedrich von Schlegel (1808) und Franz Bopp (1816 und 1833-1849), der als erster eine ausführliche komparatistische Grammatik veröffentlichte. In der gleichen Zeit publizierte Jacob Grimm seine Deutsche Grammatik (1819-1837). Bei den Junggrammatikern (Karl Brugmann, Berthold Delbrück 1896-1900) zeigte sich ein vermehrtes Interesse für die Syntax der vergleichenden Grammatik von verwandten Sprachen.

Es war auch Rask (1818), der genealogisch nicht verwandte Sprachen verglich, indem er in komparatistischen Analysen das Germanische in Beziehung zu anderen Sprachfamilien untersuchte. Wilhelm von Humboldt (1836-1839) befasste sich in der ersten Hälfte des vergangenen Jahrhunderts ebenfalls mit historisch orientierten komparatistischen Analysen, während Franz Nikolaus Finck am Ende des Jahrhunderts bei seinen vergleichenden Untersuchungen nicht germanische Sprachen

berücksichtigte. Des weiteren erschienen in diesen Jahren
noch einige kontrastive Lehrbücher, wie z.B. C.H. Grandgent
(1892), W. Vietor (1884) und P. Passy (1906).

Erst mit der Prager Schule bekam die kontrastive Grammatik
unter Aufhebung des irrelevant gewordenen Gesichtspunktes
von "verwandt" oder "nicht verwandt" eine moderne linguistische Grundlage (Vilém Mathesius 1926). Bezeichnend ist das
Folgende: "A systematic analysis of any language can be
achieved only on a strictly synchronic basis and with the
aid of analytical comparison i.e. comparison of languages
of different types without regard to their genetic relations."[1] Die revolutionäre Erneuerung der Sprachwissenschaft
im ersten Viertel dieses Jahrhunderts wird hier durch die
Forderung einer strikt synchronischen Basis klar zum Ausdruck gebracht. Nebenbei sei bemerkt, dass Mathesius damit
jedoch stark vereinfacht. Angenommen (i), jede natürliche
Sprache ist immanent produktiv und angenommen (ii), sie
ändert sich deswegen per definitionem dauernd, so (iii)
sollte eine vollständige Grammatik auch alle Aenderungen
beschreiben und erklären. Die erwähnte Vereinfachung ist
jedoch a priori notwendig, da man nicht eine Systematik
und gleichzeitig ihre Entwicklung beschreiben kann[2]. Es
wird sich nachher zeigen, dass ebenso z.B. von psycholinguistischen und soziolinguistischen Fakten abstrahiert werden
muss.

1941 prophezeite Benjamin Lee Whorf (zitiert von Robert
J. Di Pietro 1971[3]), dass der kontrastiven Grammatik (im
Folgenden als "KG" abgekürzt) künftig eine wichtige Rolle
in der Linguistik zukommen werde. Bei Robert Lado (1972)[4]
kann man nachlesen, wie Vertreter des Strukturalismus sich
seit den vierziger Jahren aus pädagogischen Gründen der KG

---

1 Mathesius 1936, S. 95

2 Dik et al. 1973, S. 36

3 Di Pietro 1971, S. 10

4 Lado 1972, S. 17

widmeten. Lado stellte Fehleranalysen auf (Lado 1948), und im gleichen Jahr versuchte er mit David W. Reed und Yao Shen systematisch, die Strukturen der chinesischen, englischen und spanischen Phoneme zu vergleichen (Reed 1948). Lado untersuchte 1956 die Lautsysteme des Englischen und des Spanischen, und in Linguistics across Cultures (1957) entwickelte er "eine Systematisierung der linguistischen Vergleiche für pädagogische Zwecke"[1]. Der Einfluss einer Sprache L_1 auf eine Zweitsprache L_2 und umgekehrt wurde in einer Reihe von Veröffentlichungen der fünfziger Jahre näher analysiert. So untersuchte Uriel Weinreich (1953) verschiedene Faktoren der Interferenz.

Die ersten Bände aus der amerikanischen Reihe Contrastive Structure Series (William G. Moulton 1962 und Herbert L. Kufner 1962) stellten ebenfalls strukturalistische Analysen dar. Daneben entstanden KG-Studien, die sich auf die traditionelle Grammatik stützten (Janina Smólska 1968). Roger L. Snook (1971) wies andererseits auf die Möglichkeiten einer stratifikationellen KG hin.

In den sechziger Jahren erschienen sodann im Rahmen der generativen und transformationell-generativen Grammatik verschiedene KG-Studien. Obschon Tomasz P. Krzeszowski 1972 behauptet, dass bislang in keinem der ihm bekannten KG-Projekte "irgendein Begriff" der kontrastiven generativen Grammatik verwendet wurde[2], scheint er sich im nächsten Abschnitt, wo er "verschiedene KA im Rahmen der TG" erwähnt, zu widersprechen; dies ist wohl auf die unterschiedlichen Möglichkeiten zurückzuführen, eine transformationell-generative KG zu definieren. Beispiele solcher KG's sind: eine nicht veröffentlichte kontrastive Studie über Englisch und Tagalog von Robert P. Stockwell[3] und eine ebenfalls nicht publizierte

---

[1] Lado 1972, S. 16

[2] Krzeszowski 1972, S. 76

[3] Di Pietro 1971, S. 11

Dissertation von Paul Schachter (1959)[1]. Dingwall (1964) schlägt eine Reihe von Regeln für eine transformationelle KG vor. Stockwell und Bowen (1965) und Stockwell, Bowen und Martin (1965) sind weitere Beispiele transformationeller KG's. Robert J. Di Pietro (1971) entwickelt ein Modell für eine transformationell-generative KG. Auch Horst Raabe (1972), Els Oksaar (1972) und Ekkehard König (1970) untersuchen die Möglichkeiten einer transformationell-generativen KG.

Zum Schluss seien hier noch vier KG-Projekte erwähnt. Mitarbeiter an dem Projekt für angewandte Kontrastive Sprachwissenschaft (PAKS), das von Gerhard Nickel geleitet wird, veröffentlichen regelmässig ihre "Arbeitsberichte". In Posen arbeitet man seit 1968 an dem "Polish - English Contrastive Project" unter der Leitung von Jacek Fisiak. Auch das "Yugoslav Serbo-Kroatian - English Contrastive Project" mit Rudolf Filipović entstand im gleichen Jahr. 1969 hat das Bukarester "Romanian - English Contrastive Analysis Project" begonnen; die Leitung übernahm Dumitru Chitoran[2].

Stockwells und Bowens Bemerkung, es gäbe wenige ausführliche Studien auf dem Gebiet der KG[3], trifft sicherlich im allgemeinen für das 20. Jahrhundert zu. Di Pietro hat jedoch recht, wenn er unterstreicht, dass die Sprachwissenschaft seit den vierziger Jahren dieses Jahrhunderts ein vermehrtes Interesse für die KG zeigt[4].

---

1 Wyatt 1974, S. 75: "Paul Schachter produced 'A Contrastive Analysis of English and Pangasinan' in 1959"; Di Pietro 1971 S. 11 gibt jedoch 1960 an

2 Raabe 1976, S. 9

3 Stockwell 1965, S. VI

4 Di Pietro 1971, S. 9

1.2. Einleitende Bemerkungen zur vorliegenden Arbeit

Aus dem obenstehenden kurzgefassten Ueberblick ersieht man, dass sowohl Prämissen als auch Ziele der KG im Laufe von zwei Jahrhunderten sehr unterschiedlich waren. Dieser heterogene Charakter und die Vielfalt der Aufgaben, die man von einer KG im allgemeinen erwartet, werden im nächsten Kapitel besprochen.

Im dritten Kapitel wird sodann auf Methoden der KG eingegangen. Im Vordergrund stehen einige Probleme der strukturalistischen und transformationell-generativ orientierten KG.

Eine Alternative, die als Grundlage der KG dienen kann, "funktionale Syntax" (vgl. Simon C. Dik 1972 und M.A.K. Halliday 1976), kommt im vierten Kapitel zur Sprache. Einige Probleme dieser Grammatik stehen dabei zur Diskussion, und es werden Ergänzungen vorgeschlagen.

Das fünfte Kapitel skizziert das Modell einer kontrastiven Syntax, das sich auf die funktionale Syntax stützt. Es wird versucht abzuklären, welche Perspektiven ein solches Modell der KG bietet und welche Grenzen ihm gesetzt sind.

Im letzten Kapitel wird dieses Modell an niederländisch-deutschen Beispielen näher überprüft. Auf die Einrichtung eines Sachregisters wurde verzichtet, da viele Ausdrücke sehr häufig im Text vorkommen. Die ausführlichen Angaben im Inhaltsverzeichnis ermöglichen es dem Leser dennoch, leicht zu finden, was er sucht.

Von keiner Sprache existiert eine vollständige Grammatik, d.h. eine Grammatik, die alle linguistisch relevanten Merkmale einer Sprache L_1 beschreibt und erklärt. Es ist eine Tatsache, an der man nicht vorbei kommt, dass wenige Sprachen und auch diese nur unvollkommen beschrieben worden sind. Aeltere Grammatiken weisen Lücken und Fehler auf, es fehlt vielfach an einheitlichen Kriterien (vgl. S. 24f), während man sich in der neuesten Linguistik oft vor kaum lösbare Probleme gestellt sieht[1].

In einer solchen Lage kann von der KG nicht erwartet werden, dass sie eine vollständige kontrastive Syntax für zwei Sprachen L_1 und L_2 liefert. Die Frage nach der Relevanz der KG ist deswegen umsomehr berechtigt.

---

[1] Symptomatisch ist Fillmores Feststellung: "There is a considerable residue of unsolved problems in the grammatical description of language phenomena, and it is disappointing though not surprising to realise how many of them remain unsolved under the formulation of grammar I have been suggesting." (Fillmore 1968, S. 81).

2. Die linguistische Relevanz der kontrastiven Grammatik

2.1. Der heterogene Charakter der kontrastiven Grammatik

Wenn man die unterschiedlichen Forderungen und Aufgaben der KG, die im Laufe der Jahre formuliert wurden, aufzählt, entsteht ein heterogenes Bild, das typisch für die KG ist.

a. Im 19. Jahrhundert bemühte sich die komparatistische Philologie um eine genealogische Sprachklassifizierung. Diachronische Daten bildeten das Erklärungsprinzip (vgl. Einleitung).

b. Eine Sprachtypologie könnte auf Ergebnissen der KG basieren (Finck 1909, Zabrocki 1970).

c. In der Vergangenheit hat mancher Sprachwissenschaftler, man denke an Finck oder Meillet, versucht, Beziehungen zwischen Sprache und Volkscharakter festzustellen. Bekannt ist die Ansicht Tesnières, es gäbe männliche und weibliche Kulturen. In der Sprache käme dies etwa bei transitiven Verben zum Ausdruck, die von ihrer Natur her aktiv bzw. passiv seien[1]. Die KG könnte dies neu überprüfen (vgl. Knobloch 1973).

d. Die KG würde Wertungen der verschiedenen Sprachsysteme ermöglichen. In dieser Beziehung wird Jespersen (1967) meistens zitiert, z.B. von Fillmore 1968: "If the English language has gone farther than the others in simplifying these rules (eines Kasussystemes - J.S.), we should be devoutly grateful and not go out of our way to force it back into the disorder and complexity of centuries ago."[2] Verschiedene

---

1 erwähnt bei Fillmore 1968, S. 60
2 erwähnt bei Fillmore 1968, S. 20

Linguisten vertreten die Meinung, bestimmte Sprachen seien "primitiver" als andere: so würde die passive Konstruktion zu einem primitiveren Stadium einer sprachlichen Entwicklung gehören als die aktive transitive Konstruktion[1]. Geht man jedoch davon aus, dass (i) jede natürliche Sprache für die Gemeinschaft, die sie spricht, als Kommunikationssystem ausreicht, und (ii) nimmt man die immanente Produktivität als gegeben an, so ist zu folgern, dass (iii) alle natürlichen Sprachen linguistisch gesehen gleichwertig sind.

e. Die KG ist bei der Ueberprüfung der "Linguistischen Relativitätshypothese" beteiligt. Nach Sapir und Whorf würde einerseits die Kultur einer Sprachgemeinschaft die Sprache beeinflussen oder bestimmen, die Sprache andererseits die Weltanschauung des Individuums. Es ist fragwürdig, ob hier von einer Hypothese die Rede sein kann, denn es fehlen klar formulierte wissenschaftliche Voraussagen, die durch Ueberprüfungen evaluiert werden können[2]. Appel 1976 erwähnt verschiedene Experimente (Hoijer 1954, Brown und Lenneberg 1958, Caroll und Casagrande 1958) auf lexikalischer und syntaktischer Ebene; die Ergebnisse reichen jedoch nicht aus, um den Wert der Sapir-Whorf-Hypothese definitiv zu bestimmen.

f. Auch die Dialektforschung setzt eine KG voraus. So versuchte Weinreich 1953 die Entwicklungen der theoretischen Linguistik auf die Dialektforschung anzuwenden.

g. Nach Raabe 1974 spielt in der Vergleichenden Stilistik und in der Idiomatologie die KG eine Rolle. In der Literatur über Idiomatik zeigt sich jedoch kaum ein Interesse an kontrastiven Analysen. Im übrigen ist man der Ansicht, dass die Idiomatik noch zu wenig erforscht ist (Weinreich 1969, zitiert von Heller)[3].

---

1 Tesnière, zitiert in Fillmore 1968, S. 60
2 Appel 1976, S. 142
3 Heller 1973, S. 177

h. Durch eine KG können allgemeine Einsichten in das Wesen und Funktionieren der Einzelsprachen gewonnen werden (E. Coseriu 1972). Interessant dazu ist Bachs Ansicht: "(...) research on widely different languages tends to throw light back and forth in unexpeted ways."[1]

i. Die KG ist für Analysen im Rahmen der Universalienhypothese von Bedeutung(E. Coseriu 1972). Dies zeigt sich z.B. bei Bach 1968.

j. Die KG sei für die Heuristik von Bedeutung (Raabe 1972). Raabe verlangt "(...) die höchstmögliche Adäquatheit und Explizitheit der Methode im Blick auf nicht maschinelle Erfordernisse und Kontrastivität."[2] Abgesehen von der Frage, was unter "nicht maschinellen Erfordernissen" verstanden wird, bleibt unklar, warum daraus die "Feststellung" abzuleiten ist, "(...) dass der Wert einer KG vor allem in der Heuristik zu suchen ist." Welches ist dann das Objekt einer solchen Heuristik?

k. Die KG wird in der Uebersetzungstheorie und Uebersetzungspraxis impliziert (vgl. Kollers Kapitel bezüglich Uebersetzen in linguistischer Hinsicht[3] und K.R. Bausch 1973). Auch für die Entwicklung maschineller Uebersetzungen, vor allem für die automatische Syntax-Analyse, ist die KG nach T.P. Krzeszowski 1972 wichtig.

l. Eine Reihe KG-Veröffentlichungen befasst sich mit pädagogischen Aspekten. Nach Meinung vieler Erzieher ist eine KG für das Erlernen einer zweiten Sprache notwendig (Fries 1945, Lado 1972). Ausserdem könne man mit Hilfe der KG Lernfehler voraussagen (Lado 1968).

m. Auch für die Interferenz-Problematik ist die KG von Bedeutung (Martins 1970). Weinreich (1953) analysiert einige

---

1 Bach 1968, S. 114
2 Raabe 1972, S. 59
3 Koller 1972, S. 67

Faktoren, die Interferenz verursachen. Sowohl (i) Hörer-Sprechersituation als auch (ii) Situation und (iii) Emotion können dabei entscheidend sein.

n. Zum Schluss seien Bi- und Trilingualismus erwähnt, deren Analysen eine KG voraussetzen.

Fasst man obenstehende Liste als Bestandteil eines Definiens des Begriffes KG auf, wäre eine vorläufige Realdefinition des Definiendum KG gegeben. Augenfällig dabei ist der weite Bereich der KG: sie ist relevant für nicht-linguistische Disziplinen (l, eventuell j), hat Bedeutung für die "angewandte" Linguistik (k), ist sodann nötig für die Ueberprüfung von linguistischen Hypothesen (b, c, d, e, i) und ist weiterhin Bestandteil sowohl der diachronisch orientierten komparatistischen Philologie (a) als auch der synchronischen Linguistik (g, h) und befasst sich schliesslich mit soziolinguistischen und psycholinguistischen Problemen (f, m, n).

Eine KG-Syntax kann nur ein Teilbereich einer solchen komplexen KG sein, und es ist daher notwendig, diesen genauer abzugrenzen. Dies geschieht in der folgenden Besprechung von KG-Begriffen, welche Raabe 1976 vorschlägt.

2.2. Einige terminologische Unterscheidungen der kontrastiven Grammatik bei Horst Raabe

Verschiedene Sprachforscher, namentlich aus den Bereichen (l), (m) und (n), verwenden in ihren Arbeiten Begriffe wie "linguistische KG", "angewandte KG", "kontrastive Analyse", "klassische kontrastive Linguistik", "theoretische kontrastive Analyse" usw.

In einer der neuesten Veröffentlichungen auf dem Gebiet der KG bespricht Raabe (1976) einige solcher Begriffe. Weil es sich hier um eine ausführliche theoretische Einführung zu einem Sammelband handelt, muss man seinen "Konzeptionen der angewandten kontrastiven Linguistik" grosse

Bedeutung beimessen. Es lohnt sich daher, Raabes Ausführungen genauer zu verfolgen.

Raabe befasst sich in erster Linie mit "Forschungsfeldern der angewandten Linguistik", "(...) in denen der Zusammenhang von Fremdsprache (FS) und Grundsprache (GS) bzw. der FS-Erwerb relativ zu einer GS hinsichtlich des Fremdsprachenunterrichts (FU) erschlossen werden soll."[1] Es geht folglich bei ihm speziell um die pädagogischen Anwendungen der KG. Dann führt Raabe weitere Begriffe ein:

> "Hierin gehören die kontrastive Analyse (KA), die Interimsprachenanalyse (IA) und, eigentlich ein Teil von IA, die Fehleranalyse (FA)."

"Interimsprachenanalyse" wird hier nicht weiter erklärt; offenbar handelt es sich um eine Art kontrastive Nährungsgrammatik für den Lernenden. Dann folgt:

> "Man kann sagen, dass KA, FA, IA jeweils andere Implikationen aus dem FU bzw. aus dem FS-Erwerbsprozess berücksichtigen und somit hinsichtlich FU und FS-Erwerb über unterschiedliche Geltungsbereiche verfügen."

Diese Annahme ist problematisch, weil Raabe die kontrastive Analyse ohne weiteres als Implikation aus dem Fremdsprachenunterricht und Fremdsprachen-Erwerbsprozess versteht. Der Fremdsprachenerwerb kann eventuell einer psycholinguistischen Analyse oder z.B. einer linguistischen Beschreibung der Kompetenz dienlich sein; für den Fremdsprachenunterricht gilt dies aber nicht. Welche neuen Daten aus einem Fremdsprachenunterricht $FU_{(L_2)}$ sind z.B. relevant für die kontrastive Analyse von Passivsätzen einer Sprache (L_1) und einer Sprache (L_2)? Sie besitzen höchstens Bedeutung für eine Fehlergrammatik. Weiter sagt Raabe:

> "Welche Analysen gewählt werden, wie die Analysen untereinander verknüpft werden, wie weitere Implikationen des FU bzw. des FS-Erwerbs aufgenommen werden, das sind die Faktoren, die die Konzeptionen der angewandten, im obigen Sinnverständnis 'kontrastiven' Linguistik oder, wie

---

[1] Raabe 1976, S. 15f

> wir künftig sagen wollen, 'Analyse lernerrelativer
> Sprachen' (ALS) bestimmen."

Es wird aber nicht begründet, warum eine gewählte Analyse ein Faktor sein kann, der Konzeptionen der kontrastiven Linguistik bestimmt. Anders formuliert: die Aussage, dass die Summe von nicht definierten Ananlysen gesamthaft die kontrastive Linguistik bildet, wirkt trivial. Offensichtlich fehlen in Raabes Umschreibung die distinktiven Merkmale dieser Analysen, was vertuscht wird durch die Formulierung "welche". (Zum Problem der Definition vergleiche man S.10, S.16 und S.118). Weiter entsteht hier eine gewisse Verwirrung, indem KG als Synonym von "Analyse lernerrelativer Sprachen (ALS)" aufgefasst wird. Schon der Umstand, dass viele KG-Studien ausdrücklich linguistisch orientiert sind, widerspricht dieser Auffassung. Schwierigkeiten bereitet ausserdem der Terminus "lernerrelative Sprachen". Muss man hier schliessen auf (i) eine Menge lernerrelativer Sprachen und auf (ii) eine Menge von Sprachen, die nicht lernerrelativ sind? Was sind dann die entscheidenden Merkmale (1) und wozu führt diese implizierte Unterscheidung (2)? Da Raabe mit der Einführung des Begriffes "Analyse lernerrelativer Sprachen (ALS)" möglichen Verwirrungen, die durch Bezeichnungen wie "kontrastive Linguistik" entstehen, entgegentreten möchte und da der ALS in seiner Einführung ein zentraler Platz zukommt, sind die oben formulierten Fragen (1) und (2) unumgänglich; sie werden jedoch in Raabes Einführung nicht beantwortet.

Unklar bleibt weiter, was gemeint ist mit:

> "(...) wo doch FA, IA und Experimente zu Ergebnissen
> aus allen drei Analysen nur partiell als kontrastive (?)
> Linguistik (?) zu verstehen sind."

Was stellen Raabes Fragezeichen hier in Frage, wenn es gleichzeitig heisst, dass "jedoch" alle drei Analysen partiell als KG zu verstehen sind?

Auch der Anfang von Abschnitt 3.1. kann nicht völlig akzeptiert werden:

"Historisch gesehen verdankt die ALS (KA)[21] ihre Entstehung
dem Bemühen, den FU optimaler zu gestalten."[1]

Der Begriff "ALS" wurde gerade neu eingeführt – es ist daher
etwas unglücklich, von "historisch" zu reden. Ausserdem kann
im allgemeinen nicht behauptet werden, dass kontrastive Analysen historisch gesehen ihre Entstehung dem Fremdsprachenunterricht verdanken. Höchstens gilt, dass unter dem Einfluss des Fremdsprachenunterrichts seit den vierziger Jahren
dieses Jahrhunderts für die KG ein vermehrtes Interesse
entstand (vgl. Einleitung S. 2).

Ausgesprochen verwirrend, und damit wird ein entscheidender Punkt angesprochen, wirkt die im Zitat zugefügte Abkürzung (KA) hinter ALS und ihre Erklärung in Raabes Anmerkung (21):

"Mit ALS (KA) fassen wir die Konzeptionen linguistischer
KAn (KA_{Li}), und FU-gerichteter KAn (KA_{Fe}) zusammen: beiden gemeinsam ist die (kontrastive) Grundoperation des
Sprachvergleichs. Ihre konzeptionellen Unterschiede finden sich weiter in 3.1. und 3.3. angesprochen."

Mit dem neu eingeführten Begriff "ALS" wollte Raabe jedoch,
wie er auf S. 16 ausführt, KA, FA und IA bezeichnen. Sollte
man jetzt "ALS (KA)" interpretieren als: "KA, FA, IA, KA"?

Auf S. 17 wird der Zweck von ALS (KA) erörtert:

"Sie soll, wie erwähnt, ein Mittel sein, den Erwerb von
FS zu verbessern. Der FS-Erwerb (Fe) kann Gegenstandsbereich einer alles übergreifenden 'Supertheorie' sein,
die in sich wieder eine Anzahl Teiltheorien vereint."

Problematisch scheint hier die Unterscheidung zwischen
Supertheorie und Teiltheorie. Wenn hier die Rede ist von
(i) einem empirischen Begriff "Supertheorie" und von (ii)
einem empirischen Begriff "Teiltheorie", so müsste (iii)
angegeben sein, in welcher Hinsicht sie sich voneinander
unterscheiden, namentlich in Bezug auf (a) Formulieren von
Hypothesen, (b) Ableiten von Voraussagen und (c) Verifizieren bzw. Falsifizieren dieser Voraussagen. Da aber solche

---

[1] Raabe 1976, S. 16

Unterschiede zwischen "Supertheorie" und "Teiltheorie" nicht vorgenommen werden, entstehen Schwierigkeiten, wenn Raabe das Verhältnis zwischen den Disziplinen Sprachlehrforschung und linguistische Forschung bespricht. Er schreibt:

> "Von hier aus lassen sich unter anderen zwei Momente des Verhältnisses zwischen den Disziplinen Sprachlehrforschung und linguistischer Forschung besser verstehen:
> I.a. Ergebnisse aus linguistischer Forschung können in (Teil)- Theorien von Fe (Fe als Gebiet innerhalb der Sprachlehrforschung) fruchtbar werden.
>   b. Ergebnisse aus der Sprachlehrforschung können in (Teil)- Theorien innerhalb der Linguistik fruchtbar werden.
> II. Die Sprachlehrforschung stellt keine isolierte, nachgeordnete Verwertungsdisziplin der Linguistik dar.
>
> Punkt II. lässt sich an folgendem Beispiel erklären:
> Es gilt nicht
>
> (2) $\boxed{FS} \rightarrow \boxed{FSD} \rightarrow \boxed{Li} \rightarrow \boxed{PK}$
>
> Die (von FU involvierte Fremd)- Sprache verlangt eine Behandlung oder Deskription (FSD), die allein nach linguistischen Kriterien (Li) zu erstellen ist und eine Basis für die pädagogische Komponente (PK = Manifestation einer Verwertungsdisziplin der Sprachlehrforschung, somit als Verwertungskomponente verbunden mit Fe) darstellt,
>
> sondern
>
> (3) $\boxed{Fe} \rightarrow \boxed{FS} \rightarrow \boxed{FSD} \rightarrow \boxed{PK} \rightarrow \boxed{Li}$
>
> Ein Fe-bezogener Begriff von FS impliziert für FSD a priori die Berücksichtigung der pädagogischen Komponente PK als Bedingung für eine verwertungs-, anwendungsrelevante Linguistik."

Auch dies ist ein entscheidender Abschnitt aus Raabes Einführung und verdient daher eine präzise Betrachtung.

Es ist anzunehmen, dass (i) <u>Von hier aus</u> sich auf den Hauptgedanken des vorangehenden Abschnittes bezieht: "Der FS-Erwerb (Fe) kann Gegenstandsbereich einer alles übergreifenden 'Supertheorie' sein, die in sich wieder eine Anzahl Teiltheorien vereint." Nach Raabe liesse es sich in diesem Zusammenhang besser verstehen, dass (ii) Ergebnisse aus linguistischer Forschung in (Teil-) Theorien der Fe fruchtbar werden. Offenbar wird in (ii) mit anderen Worten (i) nochmals formuliert, aber dies führt nicht (iii) zum besseren Verstehen. Es ist übrigens gut möglich, dass die Linguistik für die Sprachlehrforschung von Nutzen ist; dies hat jedoch letztere Disziplin zu beurteilen.

Die Linguistik hat aber über die Annahme (Ib): "Ergebnisse aus der Sprachlehrforschung können in (Teil)- Theorien innerhalb der Linguistik fruchtbar werden" zu urteilen. Da keine Begründung für diese Annahme vorliegt, ist dies eine schwierige Aufgabe. Wie bereits erklärt, muss im allgemeinen bezweifelt werden, dass z.B. Daten aus der Pädagogik der Linguistik einen Dienst erweisen können. Welche Lehrmethoden könnten zu neuen linguistischen Einsichten führen, - auch wenn man den Terminus Linguistik möglichst weit auffasst?[1]
Auch Punkt II. ist eine Annahme, welche nicht logisch aus der vorangegangenen Analyse folgt: "Die Sprachlehrforschung stellt keine isolierte, nachgeordnete Verwertungsdisziplin in der Linguistik dar." Man kann sie bejahen oder verneinen, aber nicht im Kontext überprüfen. Die Erklärung, welche darauf folgt, scheint nicht zu genügen: Annahme II wird nur in einem Schema dargestellt. Damit ist sie aber nicht logisch fundiert. Warum Li und PK im Schema (2) im gleichen Kästchen erscheinen, ist schwer zu verstehen. Wenn es sich um eine "nachgeordnete Verwertungsdisziplin der Linguistik" handelt, müsste man auf ein Schema wie (2a) kommen:

(2a)

Raabe zieht vor, das Verhältnis zwischen Sprachlehrforschung und Linguistik wie in Schema (3) auf S. 14 aufzufassen.

Die darauf folgende Erklärung weicht aber von diesem Schema ab, denn es heisst: "Ein Fe-bezogener Begriff von FS impliziert für FSD a priori die Berücksichtigung der pädagogischen Komponente PK als Bedingung für eine verwertungs-, anwendungsrelevante Linguistik." Wenn schon a priori

---

[1] dies gilt auch, wenn man die unterschiedlichen Aspekte aus Psycholinguistik oder Soziolinguistik berücksichtigt

für die FSD die pädagogische Komponente berücksichtigt wird, müsste dies im Schema zum Ausdruck kommen.

Offenbar unterscheidet sich der Ausgangspunkt in Schema (2): FS von dem in Schema (3): Fe. Gegeben, dass (i) in Schema (2) von FS und in Schema (3) von Fe ausgegangen wird, und angenommen (ii), FS und Fe repräsentieren verschiedene Begriffe, so (iii) haben die beiden Schemata (2) und (3) keinen logischen Wert für die Beurteilung von Annahme II.

In welchem Masse nun Schema (3) Gültigkeit besitzt, ist nicht leicht festzustellen. Zuerst heisst es: "Es gilt nicht Schema (2), sondern Schema (3)". In den Folgerungen steht aber: "Hierbei wird klar, dass PK (...) in Bezug auf die linguistische Deskription auch prädeterminitiv wirken kann bzw. muss." Das Verhältnis zwischen linguistischer und pädagogischer Komponente bleibt somit ungeklärt, auch im weiteren Verlauf der Einführung[1].

Wie oben angegeben wurde, scheint diese unbefriedigende Situation vor allem dadurch entstanden zu sein, dass Raabe den Begriff "ALS" einführt und weiter KA, KA_{Li} und KA_{Fe} postuliert. Ausserdem werden die Termini "linguistische Komponente" und "pädagogische Komponente" zu wenig differenziert, um das Verhältnis zwischen diesen beiden im Rahmen der KG zu klären.

Die obenstehende Interpretation von Raabes Darlegungen zeigt, dass es keine Gründe für die Annahme gibt, nicht-linguistische Fakten könnten eine Basis für eine KG schaffen. Dies führt daher zum Postulat, dass eine KG sich ausschliesslich linguistische Ausgangspunkte wählen sollte. Eine Realdefinition der KG (vgl. S. 10) impliziert (i) nicht-linguistische und (ii) linguistische Ziele. Für beide Fälle (i) und (ii) hat das Postulat Gültigkeit.

---

[1] Verschiedene Fragen bleiben ungeklärt, z.B.: warum werden im Schema (5) GS und FS verwendet statt Sp_1 und Sp_2 (Schema 4); ist FS identisch mit G (S. 23) und G identisch mit GS und warum?

2.3. Der linguistische Status der kontrastiven Grammatik

Indessen kann nicht bestritten werden, dass viele KG-Studien zur "angewandten" Sprachwissenschaft gehören, d.h. dass die KG als Hilfswissenschaft für andere Disziplinen fungiert. So kann man bei Kohler 1974 lesen, dass die KG nie ein rein intellektuelles Spiel professioneller Linguisten gewesen ist, sondern immer praktischen Zwecken gedient hat[1]. Wen Kohler zu den "professional linguists" rechnet, sei dahingestellt.

Andererseits messen viele Sprachwissenschaftler der KG Bedeutung für die Linguistik bei. Es ist kein Zufall, dass die "Fédération internationale de professeurs de langues vivantes" fordert, die KG "(...) should be initiated with primary regard to theoretical implications and secondarily for its pedagogical worth."[2] In diesen Zusammenhang passt Bolingers Ansicht: "There is much that theory can do to improve application. But application is the proof of theory."[3] Es muss aber bemerkt werden, dass Bolingers Charakterisierung ungenau ist. Eine bestimmte Theorie (T_x) kann nur durch das Testen von Voraussagen, abgeleitet aus dieser Theorie (V_{T_x}), überprüft werden, nicht aber durch die "application", die zu einer anderen Disziplin (T_{appl}) gehört.

Verschiedene Wissenschaftler weisen darauf hin, dass die KG zu neuen Einsichten in den einzelnen Sprachen führt: Coseriu 1972: es können "(...) wichtige allgemeine Einsichten in das Wesen und Funktionieren der Einzelsprachen gewonnen werden."[4]; Filipović 1974: die KG "(...) will provide

---

[1] Kohler 1974, S. 83
[2] Di Pietro 1971, S. 12
[3] Bolinger in Di Pietro 1971, S. IX
[4] Coseriu 1972, S. 48

further insight into the linguistic structure of the two languages."[1]; Nickel 1974: "(...) it has become clear that the use of an explicit language model can bring to light various features of language structure which would probably have remained hidden."[2]; Browne 1974: "It also shows the value of contrastive data in the study of individual languages."[3]

Ausserdem vermittle die KG Erkenntnisse über das Wesen der Sprache im allgemeinen: Ferguson 1968(erwähnt in Lado 1972): die KG könnte Licht werfen "(...) auf die Frage nach der Sprachstruktur im allgemeinen."[4]; Oksaar 1972: so will man mit der KG Grundlagen für "(...) die Sprachtheorie im allgemeinen, für die Sprachtypologie und die Universalienfrage" schaffen[5]; Di Pietro 1972: "Der Linguist, der Sprachen kontrastiv untersucht, übernimmt eine Aufgabe, die Implikationen für die linguistische Theorie hat, die weit über das nächstliegende Ziel, dem Fremdsprachenlehrer eine praktikable Menge an Wissen zur Verfügung zu stellen, hinausgehen."[6] Man vergleiche weiter: Nickel 1974, S. X und S. 16; Bolinger in Di Pietro 1971, S. VIII; Di Pietro 1971, S. 1, 3 und 8; Erämetsä 1970, S. 152; Zabrocki 1976, S. 89; Filipović 1974a, S. 179.

Diese communis opinio braucht eine weitere Präzisierung. Wenn man mit Andresen 1974[7] die Linguistik als eine hypothetisch deduktive Wissenschaft auffasst, würde sie Hypothesen über Sprache enthalten, die auf beobachtete Fakten einer Sprache L_1 basieren ("akustisch oder visuell wahr-

---

1 Filipović 1974c, S. 108

2 Nickel 1974, S. 4

3 Browne 1974, S. 174

4 Lado 1972, S. 18

5 Oksaar 1972, S. 85

6 Di Pietro 1972, S. 145

7 Andresen 1974, S. 21

nehmbare Ketten"[1]). Auf Grund dieser Hypothesen seien Aussagen über die linguistische Gliederung der zu erklärenden sprachlichen Ketten abzuleiten. Diese Aussagen müssten so formuliert sein, dass man sie verifizieren oder falsifizieren kann (vgl. De Groot 1968, Kapitel 1;4 und 3;1). In dieser Phase eines empirischen Zyklus spielt nun die KG eine entscheidende Rolle, indem sie bestimmte Aussagen in einer kontrastiven Analyse überprüft. Dass die Linguistik nach Ballmer 1976 weit davon entfernt sei, empirisch zu sein, hat in diesem Zusammenhang weniger Bedeutung, vor allem wenn es weiter bei ihm heisst, die Sprachwissenschaft sei in ihrer geschichtlichen Entwicklung als Wissenschaft immer empirischer geworden. Die KG kann, wie oben angegeben, nur zu einer solchen Entwicklung beitragen. Einige Beispiele dürften dies klar machen.

Nach Zabrocki 1976 scheinen viele der theoretischen linguistischen Probleme nur dann lösbar, wenn Daten aus mehr als einer Sprache berücksichtig werden: "Es besteht nun die Möglichkeit, dass entweder eine der Grammatiken oder die allgemeine Theorie inadäquat ist, weil sie ohne den notwendigen Rückgriff auf die Daten der anderen Sprache formuliert wurden (...). Unter diesem Gesichtspunkt hat der kontrastive Analytiker die Möglichkeit, bestehende Deskriptionen, die Lücken aufweisen, neu zu formulieren."[2] So demonstriert Ilse Lehiste 1974 an Hand einer KG-Analyse, dass das Sprachgefühl natürlicher Sprecher ein umstrittenes Kriterium ist, um zu bestimmen, ob ein Satz wohlgeformt ist. Somit können bestimmte Aspekte einer transformationell-generativen Hypothese in Frage gestellt werden. Auch aus Wyatt 1974 geht die Bedeutung der KG in einem empirischen Zyklus hervor, wenn er feststellt, dass die Analyse einer einzigen Sprache nicht genügt, um eine allgemein gültige Hypothese aufzustellen:

---

1 Andresen 1974, S. 23
2 Zabrocki 1976, S. 89

"(...) if there are language universals, and it is presumed that there are at least some, they will not be revealed except accidentally by basing all justification for decisions of analysis on the data displayed by a single language."[1]
Die KG scheint folglich für die Universalienhypothese ausserordentlich wichtig.

Zwar meinen Reichling und Dik[2], man kann in einer Sprache L_1 Eigenschaften ausfindig machen, die für jede Sprache L_{1-x} gelten. So erwähnt Zabrocki 1976 einen wesentlichen Unterschied zwischen synthetischen (Merkmal: "Scrambling" - Regel) und analytischen Sprachen (Merkmal: Mangel an Flexionsendungen). Dazu sagt er: "Dieses Phänomen kann natürlich auch ausschliesslich unter Bezug auf L_1 erklärt werden, indem gezeigt wird, dass L_1 seine Kommunikationsmöglichkeiten verlöre, wenn es beide Merkmale besässe."[3] Dem kann man aber erwidern, dass man ohne Analyse einer L_2 gar nicht "beide Merkmale" kennt, sondern nur das Merkmal der Sprache L_1. In dieser Beziehung ist es bezeichnend, dass Dik die oben zitierte Meinung relativiert: in der Praxis gelte doch, dass "(...) comparison of different languages is the proper method for establishing their common features."[4]. Und später, auf S. 152, fügt Dik hinzu, dass sehr viele empirische Untersuchungen verschiedener Sprachen nötig sind, bevor man Universalien annehmen kann.

Zusammenfassend sei bemerkt, dass es sinnvoll erscheint, eine linguistische Basis für die KG zu postulieren. Die angewandte KG funktioniert als Hilfswissenschaft innerhalb

---

[1] Wyatt 1974, S. 82

[2] Dik 1972, S. 8: "(...) since any individual language comprises the features necessary to language in general, there should be a theoretical possibility to isolate these features even in the analysis of any one particular language."

[3] Zabrocki 1976, S. 90

[4] Dik 1972, S. 8

nicht-linguistischer Bereiche. Weiter gilt, dass die KG für die Linguistik in verschiedener Hinsicht relevant ist, namentlich beim (i) Beschreiben und Erklären von linguistischen Fakten in einzelnen Sprachen und beim (ii) Verifizieren oder Falsifizieren von linguistischen Hypothesen.

3. Methodologische Probleme der kontrastiven Grammatik

3.1. Die Forderung nach einem einheitlichen Modell der kontrastiven Grammatik

Eine kontrastive Analyse zweier Sprachen L_1 und L_2 basiert, wie im vorausgehenden Kapitel dargelegt wurde, auf der linguistischen Beschreibung dieser Sprachen. Allgemein herrscht die Auffassung, dass eine kontrastive Analyse nur möglich ist, wenn L_1 und L_2 dabei auf identische Weise beschrieben werden.

Raabe 1972 sagt, dass die KG für ihre Zwecke schon bestehende Modelle anzuwenden hat und zwar einheitlich für die in Frage kommenden Sprachen[1]. Aehnlich ist Krzeszowskis Auffassung, dass kontrastive Analysen "(...) nicht an irgendein spezifisches Sprachmodell gebunden sind, solange die betreffenden zwei Sprachen innerhalb desselben theoretischen Rahmens beschrieben werden."[2] Und bei Di Pietro heisst es, "(...) dass ein Leitfaden für die Untersuchung sprachlicher Verschiedenheit ein Modell des Sprachaufbaus (language design) enthalten muss, das zur Kontrastierung der unterschiedlichen Artefakte verschiedener Sprachen angewendet werden kann."[3] Gussmann 1976 verlangt für die KG ebenfalls linguistische Beschreibungen innerhalb des gleichen theoretischen Rahmens.[4] Noch klarer ist Nickel 1974: "(...) all authors seem to be in agreement on one point of methodology:

---

[1] Raabe 1972, S. 59
[2] Krzeszowski 1972, S. 75
[3] Di Pietro 1972, S. 143
[4] Gussmann 1976, S. 119

that one and the same approach should be used within one and the same investigation."[1]

Oft wird in einem Atemzug hinzugefügt, dass, wenn ein einheitliches Modell der KG verwendet wird, es weiter keine Rolle spielt, welches Modell gewählt wird. So meint Coseriu 1972, dass es "gleichgültig" sei, "(...) welcher Art der deskriptiven Grammatik hier gefolgt wird. Eine traditionelle, eine strukturelle oder eine transformationelle Beschreibung können prinzipiell denselben Dienst leisten, wenn sie explizit genug sind."[2] Wie oben bereits klar wurde, ist auch Krzeszowski der Meinung, dass die KG nicht an irgendein spezifisches Modell gebunden ist. Levenston 1972 findet "(...) jedes System einer grammatischen Analyse, das eine angemessene Erklärung der Oberflächenstruktur liefert, zufriedenstellend."[3] Bei Bolinger heisst es: "While contrastive linguistics draws on linguistic theory and contributes to it, no allegiance is owed by it to any particular theory."[4] Auch Slama-Cazacu 1976 formuliert diese Ansicht: "Gerade weil die kontrastive Linguistik in dieser Hinsicht überhaupt keine Anhaltspunkte gibt, lässt sie einem völlige Freiheit bezüglich der Wahl der einen oder der anderen linguistischen Theorie für das Erheben und Verarbeiten der Daten (...)."[5]

Die Forderung nach einheitlichen Deskriptionsmodellen für eine Sprache L_1 und eine Sprache L_2 im Rahmen der KG ist richtig und muss akzeptiert werden. Ein KG-Modell, das sich für L_1 z.B. auf transformationell-generative Grammatik stützt und für L_2 auf traditionelle Grammatik, wäre inkonsistent.

Es ist jedoch eine offene Frage, ob dies impliziert, dass die KG beliebig zwischen dem einen oder dem anderen Deskriptionsmodell wählen kann. Einerseits kann man vermuten, dass

---

[1] Nickel 1974b, S. IX
[2] Coseriu 1972, S. 43
[3] Levenston 1972, S. 167
[4] Bolinger in Di Pietro 1971, S. VIII
[5] Slama-Cazacu 1976, S. 190, 191

gerade das Vergleichen von zwei Sprachen spezifische Probleme hervorruft, die nicht in jedem willkürlichen Deskriptionsmodell gelöst werden können. Andererseits hat der Linguist zu rechtfertigen, warum er in einer kontrastiven Analyse (KG_x) ein Deskriptionsmodell (M_y) verwendet und warum er offensichtlich andere ablehnt (M_z).

In diesem Kapitel wird versucht, eine derartige Rechtfertigung zu geben. Es wird kurz dargelegt, warum bestimmte Deskriptionsmodelle sich für die KG weniger gut eignen. Im Rahmen dieser Arbeit ist es jedoch unmöglich, eine kritische Analyse jeder linguistischen Theorie zu geben. Es genügt hier, einige nachteilige Konsequenzen der wichtigsten linguistischen Theorien für die KG zu besprechen.

3.2. Die Unzulänglichkeit der traditionellen Grammatik für die kontrastive Fragestellung

Zwar meint Coseriu 1972, dass eine traditionelle Beschreibung denselben Dienst für die KG leisten würde wie eine strukturelle oder eine transformationelle. Es folgt jedoch ein Aber: Sie müsste explizit genug sein[1]. Als Vorteil einer KG, die sich an der traditionellen Grammatik orientiert, sieht Nickel, dass "The use of traditional descriptions will certainly lead to quicker results."[2] Natürlich stellt sich die Frage nach der Art solcher Resultate; in seinem Aufsatz "Contrastive linguistics and foreign-language teaching"[3] erklärt er dies: "Such comparisons within the framework of traditional grammar have turned out to be quite useful for pedagogical purposes (...)".[4] Diese Auffassung mag für die

---

1 Coseriu 1972, S. 43

2 Nickel 1974b, S. IX

3 Nickel 1974a, S. 1-16

4 Nickel 1974a, S. 4

angewandte KG berechtigt sein, solange in der Erziehung tatsächlich traditionelle Grammatiken verwendet werden. Für die KG selbst hat dieses Argument (vgl. S. 15) kein Gewicht.

Uebrigens fügt Nickel einen wichtigen Einwand hinzu: "(...) the traditional grammar on which they are based is not sufficiently explicit to permit exact analyses."

Weiter wird der traditionellen Grammatik vorgeworfen, es fehle ihr an eindeutig formulierten Begriffen. Ausserdem ist sie unvollständig, da sie nicht versucht zu generalisieren. Indessen darf man nicht vergessen, dass die traditionelle Grammatik viel geleistet hat für die Beschreibung der indogermanischen Sprachen. Kraak u.a. 1972 meint sogar, dass seine transformationell-generative Syntax des Niederländischen eine neue Interpretation und Systematisierung der traditionellen und modernen Grammatik ist[1].

Die traditionelle Grammatik weist eine Tradition von über zwei Jahrtausenden auf. Dieser Umstand hat nicht nur zu Unklarheiten geführt (man denke an die Diskussionen über "ŏnoma" und "rhēma", an die Unterscheidungen "logisches Subjekt", "grammatisches Subjekt" und "psychologisches Subjekt"[2]), sondern hatte bekanntlich auch zur Folge, dass die Ausgangspunkte der griechischen und lateinischen Grammatik bei der Beschreibung moderner Sprachen übernommen wurden.

Für die KG ist dies denkbar ungünstig. Beim Vergleich (i) zweier moderner indogermanischer Sprachen würde eine solche Vergleichsbasis die Unterschiede zu sehr vertuschen. Beim Vergleichen (ii) einer westeuropäischen Sprache mit der Sprache einer anderen Sprachfamilie wäre ein traditionelles Modell ebenfalls ungenügend. So wird nach Hoijer 1954 in der Navaho-Sprache z.B. nicht klar unterschieden zwischen der

---

1 Kraak 1972, Voorwoord
2 Vgl. Verkuyl 1974, S. 28-32

Handlung, demjenigen, der die Handlung ausführt, und dem
Objekt der Handlung[1]. Eine traditionelle Beschreibung wäre
somit sehr problematisch. Dies gilt umsomehr bei einem Vergleich (iii) zweier nicht-westeuropäischer Sprachen.

3.3. Einige Mängel der strukturalistischen kontrastiven Grammatik

Als Reaktion auf die intuitiven Methoden der Sprachwissenschaft versuchten namentlich die amerikanischen Strukturalisten, klassifizierend (teilweise dem Behaviorismus entliehen) Sprachen zu analysieren. Dazu gingen sie von protokollierten Aeusserungen eines Sprechers (Korpus) aus, welche segmentiert und klassifiziert wurden.

In der Literatur über strukturalistische Studien wird immer wieder betont, dass der Strukturalismus viel Sprachmaterial inventarisiert hat; auch für die KG war er von Nutzen: "The use of this model in contrastive analyses led to many useful insights."[2]

Die Beschränkung jedoch auf reine Strukturbeschreibung machte die Erklärung vieler syntaktischer Erscheinungen unvollständig oder gar unmöglich, z.B. der diskontinuierlichen Konstituenten. Probleme der Kategorisierung manifestieren sich u.a. in der strukturalistischen Beschreibung von Adjektiven und Substantiven.

Nach Di Pietro 1971[3] verwendeten Harris und Fries ein Testverfahren, um Wörter wie "ugly" und "beautiful" zu unterscheiden von "ugliness" und "beauty". Adjektive wären die Wörter, die in einem Komparativ oder Superlativ auftreten können: "uglier", "more beautiful", aber nicht: "most ugli-

---

[1] Vgl. Appel 1976, S. 145

[2] Nickel 1974a, S. 4

[3] Di Pietro 1971, S. 89f

ness" in Sätzen wie: "She is more ----- than Helen." Dieses Testverfahren ist nicht einwandfrei, z.B. bei Wörtern wie "friend" oder "man": "She was friendly" und "She was more a friend" oder: "John is more a man than his brother." Als Di Pietro dieses Testverfahren im Italienischen anwendete, entdeckte er, dass man auf diese strukturalistische Weise keine signifikanten Merkmale für die Kategorien Adjektiv und Substantiv feststellen kann. Uebrigens zeigt das Beispiel erneut den Wert der KG für das Ueberprüfen linguistischer Theorien (vgl. S. 21).

Für die Strukturalisten bildet der Satz, als höchste Einheit der grammatischen Beschreibung, den Rahmen für das Klassifizieren der Elemente[1]. Es ist daher nicht ohne Grund, dass Kufner in seiner kontrastiven Grammatik des Englischen und des Deutschen (Kufner 1962) damit beginnt, Satztypen des Deutschen zu definieren und zu klassifizieren. Ablehnend steht Kufner gegenüber der Definition: "A sentence is a group of words containing a subject and a predicate, and it must not be subordinated to a larger construction so as to form a dependent clause"[2], denn es gibt sowohl im Englischen als auch im Deutschen viele Aeusserungen, in denen ein Subjekt oder Prädikat fehlt. Man sollte hinzufügen, dass es andererseits Sätze mit mehr als einer Subjekt-Prädikat-Kombination gibt. Uebrigens ähnelt diese Definition des Satzes Sapirs Umschreibung: "It combines a subject of discourse with a statement in regard of this subject."[3] Jespersens Definition hat nach Kufner jedoch gewisse, vor allem pädagogische Vorteile: "A sentence is a (relatively) complete and independent human utterance - the completeness and independence of it being shown by its standing alone or its capability of standing alone, i.e., of being uttered by itself."[4] Dennoch

---

[1] Hundsnurscher 1973, S. 196

[2] Kufner 1962, S. 1

[3] Vgl. Dik 1972, S. 165

[4] Kufner 1962, S. 1

sieht Kufner selbst ein, dass es mit Hilfe dieser Definition schwierig bleibt, "sentences" von "non-sentences" zu unterscheiden: "In a very real sense, very few groups of words which we would unanimously punctuate as sentences can really be called complete or capable of standing alone."[1] Eine Aeusserung wie "Das hat er gemeint" impliziert ein Antezedent mit weiterer Information. Offenbar können nur wenige Sätze unabhängig vorkommen. Damit ergibt sich eine Paradoxie: (i) zwar wäre der Satz die wichtigste Einheit einer Grammatik, aber (ii) es fehlen Kriterien, den Satz genügend zu definieren[2]. Dies hat bei Kufner zur Folge, dass er mit arbiträren Kategorien wie "normal sentences" und "abnormal sentences" arbeiten muss. Es hat sich herausgestellt, dass auch andere Grundbegriffe des Strukturalismus ungenau definiert sind. Dik 1972 erwähnt z.B. "form-class", "notion", "same" und "different"[3].

Ivir 1974 stellt fest, dass während den letzten Jahren viel über die Inadäquatheit der Taxonomy geschrieben wurde[4]. Aus den obenstehenden Beispielen ist zu folgern, dass tatsächlich eine strukturalistische KG a priori Fehler aufweisen muss. Dabei darf man nicht aus dem Auge verlieren, dass die Strukturalisten sich zunächst auf die Eigenarten der einzelnen Sprachen beschränkten und sich weniger interessierten für linguistische Daten, die allgemeine Gültigkeit besitzen. Somit wäre der Strukturalismus bereits von seiner Natur her wenig geeignet, als Grundlage eines KG-Modells zu dienen.

---

[1] Kufner 1962, S. 1
[2] Vgl. Sitta 1971, S. 1
[3] Dik 1972, S. 21
[4] Ivir 1974a, S. 68

3.4. Einige Probleme der
transformationell-generativen kontrastiven Grammatik

Der generative Aspekt einer transformationell-generativen Grammatik (im Folgenden als TG abgekürzt) beschreibt die Sprachkenntnisse eines Sprechers oder Hörers, welche er braucht, um Sätze seiner Sprache zu bilden und zu verstehen. Es wird angenommen, dass ein Sprecher eine beschränkte Zahl grammatischer Regeln zur Verfügung hat, mit denen er eine unbeschränkte Zahl von Sätzen bilden kann.
Die Grammatik sollte imstande sein, alle Sätze einer natürlichen Sprache zu charakterisieren. Die TG versucht daher, die Regeln zu rekonstruieren, mit denen der Sprecher wohlgeformte Sätze generiert (vgl. u.a. Lyons 1971[1]), und ist somit mentalistisch (vgl. u.a. Katz 1964). Solche Regeln (und Regelsysteme) sollten für alle in einer Sprache möglichen Sätze Gültigkeit besitzen. Eine generative Grammatik kann sich somit nicht auf einen Korpus beschränken. Das Regelsystem einer solchen Grammatik wäre die Abbildung der intuitiven Sprachkenntnis oder der Kompetenz eines Sprechers.

Der explizite Charakter einer derartigen Grammatik wurde auch für die KG als wichtiger Vorteil anerkannt, z.B. von Nickel 1974 oder von Krzeszowski 1976. Di Pietros _Language Structures in Contrast_ (1971) ist eine theoretische Darlegung einer TG-KG.

Ueber die Funktion der Kompetenz in einer KG sagt Di Pietro folgendes:

> "We shall also require that our model of contrast have a leveled structure, going from a deepest level through various intermediate levels to a surface level. Differences are found in the intermediate levels of structuring and

---

[1] Lyons 1971, S. 142

increase as the surface structure is approached. Whatever contrasts are found, they are to be considered strictly in terms of linguistic competence and not in terms of linguistic performance."[1]

Man sollte aber bedenken, dass der Terminus "intuitive Kenntnis des Sprechers" auf verschiedene - nach Botha 1968[2] wenistens drei - Arten relevant ist für die TG: (i) Die linguistische Intuition des Sprechers gehört zu den Daten, welche von der TG erklärt werden sollen; (ii) Die Intuition wird in der TG als heuristische Eigenschaft betrachtet, die zu Regeln, Grammatiken usw. führt; (iii) Die linguistische Intuition gilt als unabhängiges Kriterium, um Voraussagen, abgeleitet aus TG's, zu überprüfen. Braucht man nun in einer TG-KG für die Grammatik der Sprache L_1 eine Kompetenz (K_{L_1}), für die Grammatik der Sprache L_2 eine Kompetenz (K_{L_2}) und für die Ueberprüfung der Voraussagen einer TG-KG die Kompetenz eines bilingualen Sprechers (K_{L_1+2})? Oder braucht eine TG-KG in einer heuristischen Phase bereits die Kompetenz eines bilingualen Sprechers? Da Di Pietro den Kompetenzbegriff nicht weiter differenziert, bleiben solche Fragen ungeklärt.

Obschon es sich beim Kompetenzbegriff um einen wesentlichen Aspekt einer generativen Grammatik handelt, werden auch in anderen TG-KG-Veröffentlichungen die oben formulierten Fragen nicht eindeutig beantwortet. Die folgenden Beispiele zeigen dies.

Krzeszowski 1972 nimmt als Basis einer KG äquivalente Sätze zweier Sprachen an. Seine Definition, bei der "Satz" offenbar mit "Konstruktion" synonym ist, lautet: "Aequivalente Konstruktionen haben identische Eingabestrukturen (semantische Strukturen), auch wenn sich diese Konstruktionen in der Oberfläche deutlich unterscheiden."[3] Dabei

---

1 Di Pietro 1971, S. 29

2 Botha 1968, S. 75f

3 Krzeszowski 1972, S. 77

basiert er sich auf Lakoffs (1968) Auffassungen der Tiefenstruktur als abstraktere Repräsentationsebene in einer Grammatik mit semantischer Basis. Ueber die Kompetenz sagt nun Krzeszowski:

> "Die Identität semantischer Strukturen bei äquivalenten Sätzen in zwei beliebigen Sprachen gibt eine zumindest partielle Erklärung für die Intuitionen eines zweisprachigen Informanten hinsichtlich der Entscheidungen, welche beiden Sätze in zwei Sprachen äquivalent sind und welche es nicht sind. Die Fähigkeit, äquivalente Sätze in zwei Sprachen zu erkennen, bildet Teil der Kompetenz einer zweisprachigen Person. Es liegt also auf der Hand, dass jede Theorie falsch wäre, die äquivalenten Sätzen unterschiedliche semantische Strukturen zuordnen würde, denn sie würde nicht erklären, dass der zweisprachige Informant aufgrund seiner Kompetenz äquivalente Sätze von nichtäquivalenten Sätzen unterscheidet."[1]

Von den oben erwähnten Unterscheidungen bezüglich der linguistischen Intuition übernimmt Krzeszowski für die TG-KG offenbar wenigstens eine: (i) Die linguistische Intuition des bilingualen Sprechers gehört zu den Daten, die von der TG-KG erklärt werden sollen, und möglicherweise die zweite: (ii) Die Intuition wird in einer TG-KG als heuristische Eigenschaft betrachtet, die zu Regeln, Grammatiken usw. führt. Krzeszowski folgert, dass eine TG-KG eine selbständige Grammatik ist und nicht "(...) bloss eine Sammlung generativer Grammatiken von n Sprachen."[2]

Eine völlig andere Auffassung der Kompetenz findet man bei Filipović 1974. Er stellt fest:

> "Although work on a contrastive project based on the T-G approach can begin without a corpus, and be succesful in contrasting equivalent rules in source and target languages like PAKS, a corpus can be of great use in such projects in two directions: a) checking the functioning of the established rules, and b) furnishing examples by means of new rules (that have not been established through intuition) can be formulated and investigated."[3]

---

[1] Krzeszowski 1972, S. 77

[2] Krzeszowski 1972, S. 80

[3] Filipović 1974b, S. 60

Anscheinend kann man sich nach Filipović nur in einer Anfangsphase auf die Intuition berufen. Ob dies nun obligat ist, geht nicht aus Filipovićs Artikel hervor. Er sagt nur, dass manche Analysen im Rahmen des Serbo-Kroatian - English Projektes "more generative in nature" sind als andere[1]. Ein Korpus übernimmt aber die Funktion der Intuition beim (i) Ueberprüfen und (ii) Evaluieren der Regeln. Mit der Einführung eines Korpus wird somit das Wesen eines TG-Modells angetastet.

Sicher kann man im allgemeinen Filipovićs Meinung teilen: "There is no contradiction between theory and corpus. Just the opposite."[2] Es gilt jedoch genau so, dass (i) eine KG, die sich auf TG basiert und in entscheidenden Phasen der Analyse aber (ii) einen Korpus verwendet, per definitionem (iii) eine Contradictio ist.

Auch andere KG-Projekte sind von einem TG-Modell ausgegangen, verwenden jedoch ebenfalls einen Korpus. Filipović erwähnt in dieser Beziehung u.a. das Polnisch-Englische Projekt und PAKS (vgl. Einleitung S. 4). Ist die Anwendung eines Korpus prinzipiell in Widerspruch zu der TG, so ist daraus nicht zu folgern, dass eine KG auf einen Korpus verzichten müsste, sondern nur, dass eine solche KG nicht generativ ist.

Inwiefern ist nun die Intuition für die TG-KG in Modellen wie z.B. von Di Pietro oder von Krzeszowski vorgeschlagen von Nutzen? Im allgemeinen ist diesbezüglich zu bemerken, dass ein Rekurs auf die Intuition nur dann zulässig ist, wenn diese absolut zuverlässig wäre. Nach Ballmer 1976 ist sie dies aber nicht.[3] Ein Testverfahren von Ilse Lehiste bestätigt diese Ansicht. Sie führte einen Test durch mit einer Gruppe von Personen, deren Muttersprache Englisch war, und mit einer zweiten Gruppe bilingualer Sprecher.

---

1 Filipović 1974b, S. 52
2 Filipović 1974b, S. 61
3 Ballmer 1976, S. 26

Die Testpersonen mussten jeweils die richtige "tag question", wie "doesn't it?" und "did he?", herausfinden. Auf diese Weise könne man das Urteil über Grammatikalität innerhalb der beiden Gruppen feststellen und miteinander vergleichen. Nach Auswertung der Ergebnisse kam Lehiste zur Folgerung, dass sich innerhalb der Gruppe der Muttersprachigen grosse Unterschiede in der Beurteilung der Grammatikalität von Sätzen zeigten, und dass die zweite Gruppe ein ähnliches Bild zeigte. Dies bedeutet, dass "(...) the appeal to the native speaker's intuitive knowledge of grammaticality seems to lose much of its force."[1]

Weiter ist der Status der Kompetenz eines bilingualen Sprechers zum mindesten umstritten. Untersuchungen von Macnamara 1966 scheinen zu bestätigen, dass eine bessere Beherrschung einer Sprache L_1 auf Kosten der Beherrschung einer Sprache L_2 geht. Wenn Macnamaras Folgerungen stimmen[2], hätte die Kompetenz innerhalb der KG einen beschränkten Wert, namentlich als Kriterium, um Voraussagen, abgeleitet aus einer TG-KG, zu überprüfen.

Man muss feststellen, dass die Intuition eines Sprechers in der TG-KG sehr unterschiedlich interpretiert und verwertet wird. Weiter gilt, dass die Intuition als empirisches Kriterium in der Linguistik umstritten ist, umsomehr als es sich dabei um die Intuition bilingualer Sprecher handelt. Schliesslich bleibt die Frage unbeantwortet, ob ein Sprecher von L_1 (Muttersprache) die Intuition für L_2 erwerben kann, und wenn ja, inwieweit.

Mit Hilfe generativer Formulierungen vom Typus S ⟶ NP + VP wäre es möglich, eine grosse Anzahl Sätze einer Sprache zu

---

1 Lehiste 1974, S. 73

2 Aus Vokabular-Analysen geht hervor, dass zweisprachige Sprecher einen geringeren Wortschatz besitzen als einsprachige. Appel 1976, S. 177, macht jedoch darauf aufmerksam, dass bei Untersuchungen des Bilingualismus sozialen Faktoren (wie z.B. die Gebrauchssituation der beiden Sprachen oder der soziale Status der Sprecher) zu wenig Rechnung getragen wird.

beschreiben. In der TG werden solche Regeln jedoch beschränkt
auf eine kleine, ziemlich homogene Menge "Phrase Markers".
Ein anderer Typus von Regeln, "Transformationen", ermöglichen,
aus einfachen Grundstrukturen (Tiefenstrukturen) komplexe
Oberflächenstrukturen abzuleiten.

Die obligatorischen Transformationen, wie z.B. die Kongruenzformation, ergeben wohlgeformte Sätze. Fakultative
Transformationen erlauben weitere Ableitungen, z.B. Passivsätzen von Aktivsätzen. Das Prinzip aller Transformationen
beruht auf dem rekursiven Symbol "S" (Satz): In jedem S
kann erneut ein S auftreten. Auf diese Weise wird erklärt,
dass ein Sprecher mit Hilfe einer beschränkten Zahl von
Regeln eine unendliche Zahl von Sätzen generieren kann.
Die phonetische Form wird mittels eines phonetischen Regelsystems von der Oberflächenstruktur abgeleitet.

Katz und Fodor (1963) nahmen an, dass der semantische
Inhalt von Sätzen auch zur Kompetenz gehört, und erweiterten
Chomskys Modell (Chomsky 1957) um eine semantische Komponente. Die notwendigen Interpretationsregeln wurden auf dem
Niveau der Tiefenstruktur angewendet. Dies implizierte,
dass Transformationen keine Aenderungen der "Bedeutungen"
verursachen konnten. Somit entstand die "Standard Theory"
(Chomsky 1965).

Ueber das Verhältnis Syntax - Semantik wurden bekanntlich
seit Mitte der sechziger Jahre neue Ansichten formuliert.
Die Diversität in theoretischen Auffassungen macht es unmöglich, in diesem Rahmen einen Ueberblick zu vermitteln.
Stark vereinfacht kann nur gesagt werden, dass in der weiteren Entwicklung der TG zwei Richtungen zu unterscheiden
sind.

Die interpretativen Semantiker (z.B. Chomsky 1971) gehen
von einer Tiefenstruktur mit einer kategorialen Ausgangsstruktur aus. Folglich werden grammatische Relationen wie
z.B. "Subjekt von ..." als Kategorien determiniert. Weiter
werden in der Tiefenstruktur Selektion und Subkategorisie-

rung reglementiert[1]. Die Endknoten werden auf diesem Niveau durch Formative aus dem Lexikon ersetzt.

Die Basiskomponente einer generativen Semantik (z.B. McCawley, Ross, Lakoff, Postal) besteht aus einem Regelsystem, das semantische Repräsentationen mit Baumstrukturen generiert. In einer solchen Tiefenstruktur sind Kategorien wie "VC" oder "DET" eliminiert worden, während andere Kategorien wie z.B. "NC" neu interpretiert wurden. Die Ausgangsstrukturen reflektieren auf diese Weise die Oberflächenstrukturen nicht mehr und werden somit universeller.

Zu welchen Konsequenzen die Ansichten der interpretativen und der generativen Semantiker führen, ist auch für die KG nicht zu überblicken. Dies zeigt sich etwa bei der Diskussion über die Frage, welche Vergleichsbasis für die KG gewählt werden sollte.

Raabe 1972 meint, dass einer KG eine Vergleichsbasis über "Bedeutung" und zum anderen eine Vergleichsbasis über "Form" zugrunde liegt[2]. Es handelt sich dabei um den Vergleich der Tiefenstrukturen von L_1 und L_2. Entscheidend ist die Frage, ob das tertium comparationis "(...) bei Priorität von tiefenstrukturellem Inhalt zuerst an der reinen Inhaltsseite, bei Priorität einer formalen Tiefenstruktur zuerst an der formalen Bedeutungsseite ansetzen (muss), oder ist von vornherein eine interdependentielle Mischform seine Basis?"[3] Ausgehend von semantischen Strukturen der Sprache möchte Raabe die "Inhaltsseiten" solcher Strukturen "übereinzelsprachlich" postulieren: bei der Projektion dieser Strukturen auf L_1 und L_2 würden sich sodann gleiche bis unterschiedliche generelle Abfolgen bzw. Charakterisierungen der abhebbar gemachten Kategorien pro Einzelsprache ergeben[4].

---

1 Vgl. z.B. Verkuyl 1974, S. 104, 166f
2 Raabe 1972, S. 62
3 Raabe 1972, S. 63
4 Raabe 1972, S. 64

Dieser Vorschlag gleicht somit bestimmten Auffassungen der generativen Semantik, wird aber nicht weiter präzisiert. Eine ähnliche Vorstellung findet man bei Krzeszowski 1972. Die Eingabe einer KG würde bestehen aus semantischen Repräsentationen von Sätzen, generiert von der universalen semantischen Komponente[1].

Für eine KG im Rahmen der TG scheinen dies sinnvolle Vorschläge zu sein. Man muss aber bedenken, dass es noch völlig unklar ist, wie eine Basisstruktur der generativen Semantik für die KG aussehen würde. Problematisch ist beispielsweise, welche semantischen Repräsentationen sich am besten für die Eingabestruktur eignen. Weiter ist nicht abgeklärt, ob das Lexikon Teil der transformationellen Komponente ist oder eine separate Komponente bildet[2].

Von verschiedenen Seiten wurde auf den arbiträren Charakter des Transformationsprinzips hingewiesen. Winter 1965 zeigt, dass einige Adjektive nicht von Relativsätzen mit prädikativen Adjektiven abgeleitet werden können: "Ein schwerer Raucher" kann nicht eine Derivation sein von "Ein Raucher, der schwer ist" usw.[3] Das heisst, dass entweder neue Regeln eingeführt werden müssten (wie z.B. von Lakoff 1965 oder Bach 1968 vorgeschlagen) oder dass das Transformationsprinzip aufzugeben ist.

Auch in der Diskussion über die Beziehung zwischen aktiven und passiven Sätzen stellt sich die Frage, ob Transformationen obligat sind (Kac 1969). Es ist anzunehmen, dass der Gebrauch des Aktivs einen anderen semantischen Inhalt impliziert als der Gebrauch des Passivs (vgl. u.a. Michel 1964, Admoni 1966 und Oksaar 1972).

Weiter ist ungeklärt, in welchen Fällen eine gemeinsame Tiefenstruktur angenommen werden muss. Wenn aktive und

---

1 Krzeszowski 1972, S. 77f
2 Vgl. z.B. Verkuyl 1974, S. 236f
3 Vgl. Winter 1965; zitiert von Bach 1968, S. 102

passive Sätze eine gemeinsame Tiefenstruktur besitzen, z.B. "Ich esse einen Kuchen" und "Ein Kuchen wird von mir gegessen", haben dann auch andere Satzpaare eine gemeinsame Tiefenstruktur, wie z.B. "Ich kaufe einen Kuchen von ihm" und "Er verkauft mir einen Kuchen"? Wenn dies zutrifft, welche ist dann die entsprechende Tiefenstruktur und auf Grund von welchem Kriterium wird eine solche Tiefenstruktur bestimmt?[1] Verkuyl 1974 erwähnt ein weiteres Beispiel, das diese Problematik zeigt. Wenn der Satz "Wilhelms Krankheit dauerte drei Wochen" eine Paraphrase des Satzes "Während drei Wochen war Wilhelm krank" ist, muss man in diesem Fall dann auf eine gemeinsame Tiefenstruktur für "während" und "dauern" schliessen? Wenn ja, ist die Tiefenstruktur dann V oder PRAEP?[2] Ein gleiches Problem besteht bei den Sätzen "Ein Mann mit viel Erfahrung" und "Ein Mann, der viel Erfahrung hat". Sind "mit" und "haben" von ein und der selben Tiefenstruktur abzuleiten, und wenn dies zutrifft, welche Transformation ist dann notwendig?[3]

Aehnliche Bedenken brachten Els Oksaar dazu, beim Vergleichen des deutschen und des schwedischen Passivs von der Tiefenstruktur abzusehen und in ihrer Analyse ein KG-Modell vorzuziehen, das keine Transformationen kennt.

Die obenstehenden Ueberlegungen lassen es sinnvoll erscheinen, sich Diks Kritik an dem Transformationsprinzip anzuschliessen. In seiner Dissertation <u>Coordination; its implications for the theory of general linguistics</u> bemerkt er, dass die Transformationsregeln nur angewandt werden können, wenn die Hypothese stimmt, dass bestimmte Sätze beschrieben werden müssten, als ob sie von Strukturen abgeleitet wären, die anderen Sätzen zugrunde liegen. Wenn diese Hypothese an sich nicht als gültig akzeptiert werden

---

[1] Vgl. Verkuyl 1974, S. 207f

[2] Verkuyl 1974, S. 210

[3] Verkuyl 1974, S. 218f

kann, verliert das Transformationsprinzip Gültigkeit und Notwendigkeit: "'Given A, try to arrive at B in an explicit and general way', transformational descriptions would at least be a step in the right direction. But if the problem is rather: 'Describe A and describe B in their own right and in such a way that their relations are implicitly characterized in so far as they are linguistically relevant', then transformational descriptions turn out to be (partial) solutions to a pseudo-problem."[1] Pike (zitiert von Dik)[2] formuliert seine Kritik am Transformationsprinzip noch kürzer: sogar wenn transformationelle Beziehungen zwischen zwei Sätzen gezeigt werden könnten, hat man die Möglichkeit nicht eliminiert, die interne Struktur von beiden einzeln zu beschreiben.

Wenn nun gefolgert wird, dass Transformationsregeln für ein KG-Modell ungeeignet sind, so ist dies nicht nur die logische Konsequenz, die man aus KG-Studien wie von z.B. Lado 1972, Oksaar 1972 oder Snook 1974 ziehen muss. Auch im allgemeinen scheint die Kritik am Transformationsprinzip in der Linguistik stichhaltig[3].

3.5. Die Alternative als theoretisches Problem

Wenn für die KG ein alternatives Deskriptionsmodell vorgeschlagen wird, muss am Schluss dieses Kapitels darauf hingewiesen werden, dass das Vorstellen einer Alternative prinzipielle Probleme innerhalb der Theorie der Sprachwissenschaft hervorruft.

In neueren Diskussionen über die zunehmende Kritik der TG ist die Rede von einer "Matrix-Krise". Kanngiesser 1976,

---

1 Dik 1972, S. 79

2 Dik 1972, S. 79

3 Für eine kritische Besprechung einiger Ausgangspunkte der TG vgl. auch Robinson 1978

basierend auf Kuhn 1969, unterscheidet eine "C-Matrix", bestehend aus einer Menge symbolischer Generalisationen und Modellen der TG. Auf Grund einer Reihe von Argumenten folgert er, dass diese C-Matrix inadäquat ist, und er führt u.a. eine "P-Matrix" ein, die einen Rahmen für pragmatische Erklärungen darstellt. Die pragmatische Erklärung schliesst die grammatikalische Erklärung der C-Matrix in sich ein.

Zwei wichtige Einwände gegen diese Auffassung seien hier erwähnt. (i) Die grundlegenden Begriffe der C-Matrix werden weiterhin in der neuen Matrix verwendet, zusammen mit den ungelösten Problemen der TG. Das heisst, dass in der neuen Matrix genauso viel oder wenig erklärt werden kann wie in der alten (vgl. Ter Meulen 1976). (ii) Die C-Matrix hat eine andere Fragestellung als die P-Matrix: die Transformationalisten untersuchen die Struktur von Sätzen, während die Pragmatiker die Sprechhandlungen analysieren (vgl. Weydt 1976).

Die Konsequenzen dieser Kritik wären nun, (i) nicht mehr von einer C-Matrix zu sprechen, sondern von einer "G-Matrix", mit der Fragestellung: Was ist die Struktur von linguistischen Aeusserungen?; (ii) eine Matrix mit einer anderen Fragestellung als in (i) ist grundverschieden von der G-Matrix und kann keine Probleme der G-Matrix lösen.

Nach Kanngiesser umfasst eine disziplinäre Matrix vier Komponenten: (i) symbolische Verallgemeinerungen, (ii) Modelle, (iii) Werte und (iv) Standardbeispiele für Problemlösungen. Der dritten Komponente (iii) wird viel Bedeutung beigemessen, denn es handelt sich hier um methodologische Werte, die durch eine Wissenschaftsgruppe als wahr anerkannt werden[1].

Innerhalb einer Matrix besteht eine gewisse Freiheit, Modelle zu entwickeln. Falls ein bestimmtes Deskriptionsmodell für die KG unbefriedigend ist wie z.B. Di Pietros

---

1 Kanngiesser 1976, S. 108

TG-KG-Modell, kann dies folgende Gründe haben: (i) die Argumente sind falsch, (ii) die Ziele einer KG können mit anderen Mitteln besser erreicht werden und (iii) die angegebenen Ziele einer KG selbst sind nicht sinnvoll (vgl. Schlieben - Lange 1976). Im zweiten Kapitel dieser Arbeit wurde bereits erörtert, dass die Ziele der KG linguistisch relevant sind, und damit wird die dritte Möglichkeit (iii) eliminiert. Auf Grund der kritischen Besprechungen in diesem Kapitel (vgl. 3.2., 3.3. und 3.4.) muss jedoch gesagt werden, dass (i) und (ii) teilweise zutreffen.

Im nächsten Kapitel wird ein alternatives Deskriptionsmodell für die KG vorgestellt. Dies bedeutet jedoch nicht, dass von einem Matrix-Wechsel die Rede ist. Erstens werden bestimmte Einsichten und Methoden der TG neu interpretiert und angewendet, zweitens hat die dritte Komponente des Matrix-Begriffes weiterhin Gültigkeit: Die Grundlagen des alternativen Modelles werden in der Linguistik von vielen (z.B. von Firth, Halliday, Snook, Lamb, Pike, Dik) als gültig anerkannt, und drittens bleibt die Fragestellung identisch. Somit wäre die Alternative eine Variante innerhalb einer G-Matrix.

4. Funktionale Syntax als Grundlage einer kontrastiven Grammatik

4.1. Einige Aspekte der grammatikalischen Funktion

Allgemein wird angenommen, dass eine syntaktische Einheit aus einer hierarchischen Konstituentenstruktur besteht. Wenn man das binäre Prinzip anwendet, führt dies z.B. zu einer Segmentierung wie in (1):

(1)
```
                der junge Hund frisst das Brot
                              |
        ┌─────────────────────┴─────────────────────┐
    der junge Hund                           frisst das Brot
        |                                          |
    ┌───┴────────┐                          ┌──────┴──────┐
   der      junge Hund                   frisst      das Brot
                 |                                        |
            ┌────┴────┐                               ┌───┴───┐
          junge     Hund                            das    Brot
```

Die Identifikation der Konstituenten kann auf verschiedene Weisen vor sich gehen:

a. Permutationstest:
    (1a) Das Brot frisst der junge Hund.
    (1b) Frisst der junge Hund das Brot?

b. Substitutionstest:
    (1c) Er frisst das Brot.
    (1d) Der junge Hund frisst das Fleisch.

c. Ein Eliminierungstest kann das Grundmuster zeigen:
   (1e) Der Hund frisst.
Diesem Verfahren sind jedoch Grenzen gesetzt, wie das nächste Beispiel zeigt:
   (1f) *Das Brot frisst das Fleisch.

Konstituenten, die sich syntaktisch gleich verhalten, werden einer bestimmten Klasse zugeordnet; dadurch wird es möglich, generalisierende Regeln zu entwerfen. Eine solche Generalisierung kann wie folgt aussehen:

(2)
```
                          Aussagesatz
                 ┌─────────────┴─────────────┐
            Nominalphrase                Verbalphrase
           ┌─────┴─────┐              ┌───────┴───────┐
        Artikel   Nominalphrase     Verbum       Nominalphrase
           │      ┌────┴────┐         │           ┌────┴────┐
          der  Adjektiv   Nomen     frisst     Artikel    Nomen
                  │         │                     │         │
                junge      Hund                  das       Brot
```

Diese Analyse liefert z.B. die Information, dass <u>Hund</u> und <u>Brot</u> einer gleichen Klasse angehören. Subkategorisierung könnte zu weiteren Generalisierungen führen und z.B. <u>Hunde</u> und <u>Hund</u> verschiedenen Subkategorien der gleichen Klasse zuteilen. Dies kann in einem Diagramm wie in (3) zum Ausdruck gebracht werden:

(3)

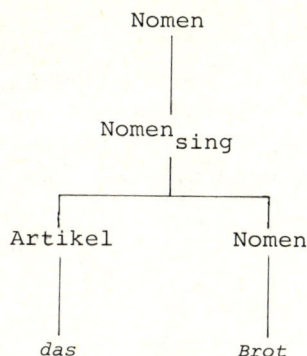

Beschreibungen wie oben können in einem Klammerschema untergebracht werden:

(4)
$$_s(_{np}(\text{der junge Hund})_{vp}(\text{spielt im Garten}))_{au}$$

Weiter muss ein System von syntaktischen Regeln in der Beschreibung aufgenommen werden, die den Analysen zugrunde liegen; solche Regeln könnten folgendermassen aussehen:

(5)

$\text{satz}_{au} \longrightarrow \text{nominalphrase} + \text{verbalphrase}$

$\text{nominalphrase} \longrightarrow \text{nominalphrase sing/plur}$

$\text{nominalphrase} \longrightarrow \text{artikel} + \text{adjektiv} + \text{nomen sing}$

Aus Schema (2) geht hervor, dass die Nominalphrasen verschiedene Strukturen besitzen:

(6a) art + adj + nomen
(6b) art + nomen

Das Adjektiv kann, aber muss nicht in der Nominalphrase vorkommen. Die Einführung einer solchen optionalen Kategorie bedeutet eine weitere Verallgemeinerung und wird wie in (7) notiert:

(7) nominalphrase ⟶ art (+ adj) + nomen

Neben kontextfreien Regeln wie in (7) müssten kontextabhängige Regeln eingeführt werden, die verhüten, dass Sätze generiert werden, wie:

(8) *Die Hund frisst den Brot.

oder:

(9) *Der Hund fressen das Brot.

Eine kontextabhängige Regel sollte z.B. imstande sein, dem Subjekt die richtige Form des Verbum finitum zuzuordnen.

Die bis jetzt erwähnten Unterscheidungen reichen jedoch für eine Syntaxbeschreibung nicht aus[1]. So ist es unmöglich, auf diese Weise nicht-lineare syntaktische Strukturen zu beschreiben. Diskontinuierliche Konstituenten und Koordination von Konstituenten stellen klassische Probleme derartiger Analysen dar.

Wenn man die Sätze (10) und (11) vergleicht:

(10) Der Hund frisst den ganzen Schinken.

(11) Der Hund spielt den ganzen Tag.

würden sich auf Grund der oben erwähnten Kriterien identische Strukturen ergeben. Offenbar bestehen aber grosse Unterschiede zwischen den Konstituenten den ganzen Schinken (10) und den ganzen Tag (11). Dies kann an Hand der nachfolgenden Satzpaare gezeigt werden:

---

1 Dik et al. 1973, S. 151

(12a) Der Hund frisst den ganzen Tag den Schinken.

(12b) *Der Hund frisst den ganzen Schinken den Kuchen.

(13a) Der Hund frisst den ganzen Schinken und den Kuchen.

(13b) *Der Hund frisst den ganzen Schinken und den Tag.

(14a) Der Junge spielte das ganze Konzert.
       (das ganze Konzert wurde von dem Jungen gespielt)

(14b) Der Junge spielte das ganze Konzert.
       (während des ganzen Konzertes spielte der Junge)

Aus einer Konstituentenanalyse würden sich nur identische Strukturen für den ganzen Tag und den ganzen Schinken ergeben, nämlich:

nominalphrase ⟶ artikel + adjektiv + nomen sing

Eine solche Analyse wäre jedoch nicht imstande zu erklären, warum (12a) und (13a) wohlgeformt scheinen, (12b) und (13b) aber nicht. Die Sätze (14a) und (14b) würden identisch analysiert, trotz des Umstandes, dass in (14a) das ganze Konzert ein Objekt und in (14b) eine Adverbialbestimmung wäre. Offenbar fehlt eine entscheidende Dimension; es braucht zusätzlich ein Kriterium, um (i) bestimmte Abhängigkeiten zu formulieren (12, 13), um (ii) syntaktisch scheinbar-identische Strukturen voneinander zu unterscheiden (10, 11) und um (iii) Fälle der syntaktischen Homonymie zu lösen (14a, 14b).

Es handelt sich bei diesem Kriterium um die Rolle, welche die Konstituenten innerhalb einer syntaktischen Einheit spielen ("Funktion"). Sowohl in der traditionellen Grammatik, im Strukturalismus als auch in der transformationellen Grammatik wurde versucht, die grammatikalischen oder funktionalen Beziehungen zwischen den Konstituenten in der Beschreibung aufzunehmen.

In der traditionellen Grammatik wurden funktionale Beziehungen bei dem Gebrauch von Termini wie "Verbum finitum", "Subjekt" usw. impliziert. Sie waren jedoch ungenügend definiert.

Dik 1972 zeigt in seiner Besprechung von Bloomfields Begriff der Funktion[1], dass auch der Strukturalismus die grammatikalischen Beziehungen zwischen Konstituenten unbefriedigend beschreibt. Es genügt, zwei Punkte seiner Kritik zu erwähnen. Die Strukturalisten gehen davon aus, dass die Funktion aus formalen Eigenschaften der Position besteht. Dass die Position aber keinen Einfluss auf die grammatikalische Funktion zu haben braucht, abgesehen vom Mitteilungswert, geht aus folgenden Beispielen hervor:

(15a)   Seiner Tante schrieb er einen Brief.

(15b)   Er schrieb seiner Tante einen Brief.

(15c)   Einen Brief schrieb er seiner Tante.

Weiter wird von den Strukturalisten angenommen, dass ein bestimmtes semantisches Merkmal jeweils mit der vorher erwähnten formalen Eigenschaft korrespondiert. Es ist aber kaum denkbar, eine signifikante semantische Eigenschaft von z.B. Agens zu definieren, welche in einer eins-zu-eins-Beziehung zu einem Merkmal der Position steht.

In der TG sind Funktionen vor allem in der Tiefenstruktur relevant. Sie werden da jedoch nicht expliziert, weil die Konfigurationen von Kategorien solche Funktionen definieren:

$$\text{"Subjekt von"} = [\text{NP, S}]$$

Das heisst: Subjekt des Satzes ist eine NP, welche unmittelbar aus S entwickelt wurde.

Diks Kritik, dass der Begriff Funktion sich bei den Transformationalisten nicht genau mit dem der Traditionalisten deckt[2], ist nicht relevant, denn es steht den Transformationalisten frei, Begriffe neu zu definieren und neu anzu-

---

[1] Dik 1972, S. 143f
[2] Dik 1972, S. 148

wenden. Stichhaltig ist seine Ansicht, dass es nicht genügt, eine Konstituente einer bestimmten Klasse zuzuordnen (z.B. Tante Anna   Nomen sing), um zu erklären, welche Rolle diese Konstituente in einem Satz (z.B. "Tante Anna schrieb Leo einen Brief") spielt.

Pike betrachtet ein Tagmem als die Repräsentation eines Funktions- und Klassenkorrelates. Es ist jedoch schwierig, eine Funktion und eine Klasse als eine linguistische Einheit aufzufassen, da die Klassen Basisgruppen sind, während die Funktionen die Strukturen solcher Klassen bestimmen[1].

Auch in den Analysen von Halliday nehmen die grammatikalischen Beziehungen zwischen den Konstituenten - in seinen früheren Veröffentlichungen als "elements of a structure" angedeutet[2] - eine zentrale Stellung ein. Er fasst die Grammatik als ein Systemnetz (system network) auf[3]. Dieses Netz spezifiziert die Auswahlmöglichkeiten (options), welche dem Sprecher zur Verfügung stehen. Während ein System aus einer Menge Auswahlen (set of options) besteht, die durch den Sprecher getroffen werden, stellt die Struktur (structure) die physikalische Realisation solcher abstrakten, systeminhärenten Optionen (systemic choices) dar. Die Struktur besitzt somit eine lineare Sukzession in der wirklichen Zeit (succession in real time) oder eine Sequenz[4], welche eine Variable ist; im System funktioniert das abstraktere Prinzip der Folge (order). Die Struktur wird als Oberflächenstruktur, das System als Tiefenstruktur bezeichnet; da das Transformationsprinzip jedoch fehlt, weichen diese Hallidayschen Begriffe prinzipiell von den Ausdrücken Oberflächen- und Tiefenstruktur der TG ab.

---

1 Vgl. Dik 1972, S. 154f
2 Vgl. z.B. Halliday 1976, S. xvii
3 Halliday 1976, S. 3
4 Halliday 1976, S. 88f

In seinem Artikel "The form of a functional grammar"[1] begründet Halliday seine Annahme, dass die ursprüngliche funktionale Diversität der Kindersprache in der Sprache der Erwachsenen von einem abstrakteren und einfacheren funtionalen System ersetzt wird. Die unzählbaren sozialen Funktionen, welche die Sprache eines Erwachsenen erfüllen, werden nicht einzeln und unmittelbar als funktionale Komponenten in der Struktur der Sprache realisiert. Im System der Sprache sind sie auf eine geringere Zahl von Macro-Funktionen reduziert. Halliday unterscheidet in dieser Beziehung:
(i) die Funktion, Beziehungen zwischen Mitgliedern einer Gemeinschaft herzustellen (interpersonal function), (ii) die Funktion, Information zwischen Mitgliedern einer Gemeinschaft zu vermitteln (ideational function) und (iii) die Funktion, Sprache in Beziehung zur Situation zu setzen (textual function)[2]. Es muss bemerkt werden, dass noch andere Funktionen zu unterscheiden wären, z.B. (iv) die Funktion, einen künstlerischen Genuss hervorzurufen (Dichtkunst), und es stellt sich somit die Frage nach dem Kriterium, Macro-Funktionen zu bestimmen.

Einerseits wird bei Halliday der Begriff Funktion verwendet, um dem Funktionieren der Sprache Rechnung zu tragen. Er stellt andererseits fest, dass die Elemente innerhalb der Sprachstruktur funktional sind, und er deutet solche Funktionen mit Begriffen wie "actor" und "process" an. Diese strukturellen Funktionen finden ihren Ursprung in den oben besprochenen Macro-Funktionen.

Diks Umschreibung des Funktionsbegriffes: "A grammatical function is a plus-value acquired by a constituent when used in a certain pattern"[3] kann nun mit Hilfe der Ansichten Hallidays ergänzt werden. Mit einer Macro-Funktion korrespondiert eine interne Struktur der Sprache. Die Funktion,

---

[1] Halliday 1976, S. 7f
[2] Halliday 1976, S. 19f
[3] Dik 1972, S. 148

welche die Sprache beim Gebrauch eines gewissen Satzes erfüllt, bestimmt nicht nur die verfügbaren Optionen, sondern auch die strukturellen Realisationen. Strukturelle Funktionen wie "actor" und "process" sind somit linguistisch begründet.

In einer Bemerkung zu dem "neuerdings häufiger verwendeten Terminus 'funktionelle' (oder 'funktionale') Linguistik" warnt Weydt[1] davor, bereits "eingeführte Termini nicht nochmals und für etwas ganz anderes" zu verwenden. Unter dem Oberbegriff "funktionaler Strukturalismus" seien jene Schulen des Strukturalismus zusammenzufassen, die die Einheiten der Sprache gerade auf Grund ihrer kommunikativen, d.h. ihrer zeichenunterscheidenden Funktion feststellen. In ihrer Allgemeinheit muss man diese Meinung widerlegen; im Prinzip spricht nichts dagegen, einen Ausdruck in der Linguistik auf verschiedene Weise anzuwenden, solange er jeweils genau definiert wird. Im Falle des Ausdrucks "Funktion" ist dies sogar unvermeidlich. Wie oben bereits dargelegt wurde, ist mit diesem Terminus ein wesentlicher Charakterzug der Syntax gemeint, die in jeder linguistischen Schule eine Rolle spielte bzw. spielt. Es wäre deshalb fehl am Platze, diesen Ausdruck für den "funktionalen Strukturalismus" reservieren zu wollen.

In der vorliegenden Arbeit werden "Funktion" und "funktional" als Aequivalenten von Hallidays und Diks "function" und "functional" verwendet. Diese Termini wurden in der obenstehenden Besprechung von Hallidays Auffassungen bereits implizit definiert. Weiter unten (vgl. 4.3.) werden sie explizit beschrieben und zwar bei dem Versuch, eine Syntax zu skizzieren, die sich teilweise auf die funktionalen Aspekte der Grammatik stützt.

---

1 Weydt 1976, S. 171-172

4.2. Das Objekt der funktionalen Syntax

Prinzipiell sollte sich eine funktionale Syntax nicht auf die Beschreibung von Sätzen beschränken. Erstens scheint es arbiträr, sich den Satz als Beschreibungsobjekt zu wählen, wenn angenommen wird, dass sprachliche Strukturen als Bestandteil der Kommunikation einen beliebigen Umfang besitzen (vgl. Hartmann 1968). Der arbiträre Charakter des Satzbegriffes wird auf andere Weise von Dik[1] gezeigt mit den Beispielen:

(16a) Ich werde bleiben, du darfst aber gehen.

(16b) Ich werde bleiben. Du darfst aber gehen.

Zweitens deuten Referenzbeziehungen wie "der Mann", "er", "dort" usw. darauf hin, dass die Grammatik sich mit grösseren Einheiten als mit dem Satz zu befassen hat (vgl. Lang 1973).

Zwar hat die Textlinguistik in den letzten Jahren mehr Fragen gestellt als beantwortet. So ist es unklar, wodurch eine grössere Einheit als der Satz begrenzt wird oder welche Elemente der Kommunikation in der Syntax berücksichtigt werden müssten. Dennoch können bestimmte sprachliche Probleme in einer Satzgrammatik nicht adäquat gelöst werden, da viele Merkmale textgebunden sind.

Dik postuliert als grösste Einheit die "independent linguistic expression" (abgekürzt als "ile"). In der deutschsprachigen Literatur gebraucht man in dieser Beziehung meistens den mehrdeutigen Ausdruck "Text". Um Missverständnissen vorzubeugen, wird in dieser Arbeit der Terminus "unabhängige linguistische Struktur" (abgekürzt als "uls") vorgezogen.

---

[1] Dik 1972, S. 164-167

Eine unabhängige linguistische Struktur ist die Realisation der systeminhärenten Auswahlen, welche ein Sprecher getroffen hat.

4.3. Regeln der funktionalen Syntax

Im ersten Abschnitt dieses Kapitels wurden bereits einige formelle Kriterien erwähnt, die es ermöglichen, Konstituenten zu determinieren. Weiter wurde gezeigt, dass die funktionale Dimension eine notwendige Ergänzung der Konstituenten-Strukturgrammatik ("immediate constituent grammar") ist. Eine funktionale Syntax umfasst somit nicht nur Regeln, die bestimmen, zu welcher Kategorie eine Konstituente einer unabhängigen linguistischen Struktur gehört, sondern auch Regeln, die bestimmen, welche Funktion eine Konstituente in Bezug auf andere Konstituenten von der gleichen Struktur erfüllt[1].

In einer funktionalen Syntax sind vier Arten Regeln nötig: (i) Konstituenten mit identischen grammatikalischen Eigenschaften werden einer gleichen Kategorie zugeordnet; (ii) Regeln der Subkategorisierung erklären kontextabhängige grammatikalische Merkmale; (iii) Funktionsregeln spezifizieren die möglichen funktionalen Netzwerke einer Kategorie. Erst nach Bestimmung der Funktion der einzelnen Konstituenten ist es möglich, die grammatikalischen Unterschiede zwischen unabhängigen linguistischen Strukturen mit identischen Konstituenten und identischen Kategorien zu erklären (vgl. Beispiele 10 und 11). Daraus ergibt sich nach Dik ein Kriterium, die endliche Zahl der Funktionen zu formulieren: Die finite Zahl der Funktionen entspricht der Zahl der Differenzen zwischen unabhängigen linguistischen Strukturen mit identischen Konstituenten und Kategorien. (iv) Spezifika-

---

1 Dik 1972, S. 154

tionsregeln ordnen den Endkategorien Endterme zu. In einer Beschreibung werden somit folgende Beziehungen zum Ausdruck gebracht:

$$\text{Kategorie} \longrightarrow \text{Subkategorie}$$
$$\text{Kategorie} \longrightarrow \text{Funktion}$$
$$\text{Funktion} \longrightarrow \text{Funktion}$$
$$\text{Funktion} \longrightarrow \text{Kategorie}$$
$$\text{Kategorie} \longrightarrow \text{Endterm}$$

Das Diagramm (17) liefert folgende Information: die Anfangskategorie (uls) wird als (k_1) subkategorisiert; diese Subkategorie wird weiter subkategorisiert als (k_2); für diese letzte Kategorie werden die Funktionen (F_1), (F_2), (F_3) und (F_4) selektiert und zwar für jede Konstituente eine Funktion; zusammen stellen sie ein Funktionsnetz der Kategorie (k_2) dar; für jede dieser Funktionen wird eine weitere Funktion selektiert: (F_5), (F_6), (F_7) und (F_8); zusammen bilden diese Funktionen ein zweites Funktionsnetz; für jede der letztgenannten Funktionen wird eine weitere Funktion selektiert: die Funktionen (F_9), (F_{10}), (F_{11}) und (F_{12}) bilden zusammen ein drittes Funktionsnetz; für jede der letzteren Funktionen wird eine Funktion selektiert: (F_{13}), (F_{14}), (F_{15}) und (F_{16}); zusammen sind sie ein viertes Funktionsnetz. Jede der Funktionen (F_1)-(F_4) kann subkategorisiert werden, z.B. (k_3), (k_4), (k_5) und (k_6); jede Kategorie oder Subkategorie kann subkategorisiert oder einem Funktionsnetz zugeordnet werden, z.B. (k_7), (F_{17}). Diese Analyse wird weitergeführt, bis die Kategorien der Endterme aufgedeckt sind:

(17)

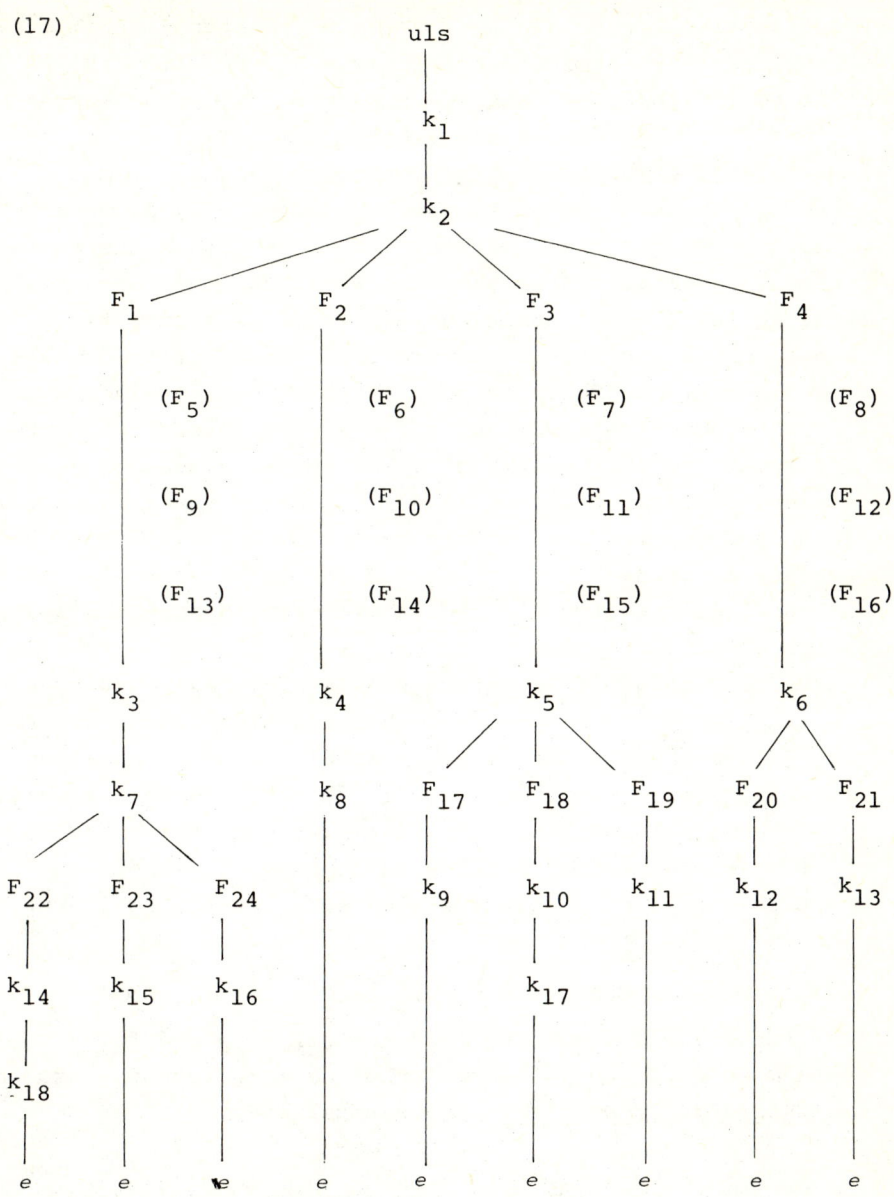

Erklärungen der Abkürzungen: uls = unabhängige linguistische Struktur, k = Kategorie, F = Funktion, e = Endterm. Kategorien werden mit kleinen, Funktionen mit grossen Buchstaben bezeichnet. Endterme werden in Kursivschrift abgekürzt.

Eine funktionale Analyse geht von der grössten Einheit aus: Diese wird in kleinere Einheiten segmentiert. Die Analyse läuft somit von gross nach klein oder von oben nach unten ab. Halliday begründet diese Richtung nicht: "(...) it is assumed that a downward direction of procedure, from the larger to the smaller unit, is methodologically acceptable without explicit justification."[1] Dennoch hält Kress es für sinnvoll zu zeigen, dass nur eine Richtung von oben nach unten für eine funktionale Analyse in Frage kommt: "(...) in a theory which attemps to provide a description of language in terms of function (of linguistic units) in context, this is the necessary direction: the structure of the larger unit specifies the context of the classes, which are systems composed of terms from the level next below. In this approach classes of systems are defined by the place at which they operate, so of necessity the place has to be specified first, and thus the structure of the larger unit, before the system can be defined."[2]

Aus dem Diagramm (17) ist zu schliessen, dass Funktionen syntagmatische Beziehungen zwischen den einzelnen Kategorien vom gleichen Niveau definieren, welche von einer einzigen Kategorie oder Funktion des höheren Niveaus dominiert werden. Dik erwähnt in dieser Hinsicht zwei Einschränkungen[3]: (i) es bestehen keine funktionalen Beziehungen zwischen einer Konstituente als Ganzes und einem Teil dieser Konstituente; wenn im Satz (18)

(18) Der Hund frisst.

eine funktionale Beziehung zwischen der Hund und frisst angenommen wird, so ist eine funktionale Beziehung zwischen der Hund und der Hund frisst ausgeschlossen; (ii) es be-

---

[1] Halliday 1976, S. xvi
[2] Halliday 1976, S. xvi
[3] Dik 1972, S. 171-172

stehen keine funktionalen Beziehungen zwischen Konstituenten, welche nicht Teil von der gleichen Konstituente sind. Wenn der Satz (19)

(19) Der Hund frisst Brot.

segmentiert wird in SUBJEKT (der Hund), PRAEDIKAT (frisst) und OBJEKT (Brot), so ist eine funktionale Beziehung zwischen der und Brot ausgeschlossen.

Fehlen bis jetzt genügend Kriterien, die obere Grenze der Analyse zu definieren, lässt sich andererseits über die untere Grenze Konkretes formulieren. Die Analyse wird nach unten weitergeführt, bis innerhalb einer unabhängigen linguistischen Struktur grammatikalisch nicht weiter differenziert werden kann. Die Endterme sind Formative des Lexikons mit eigenen spezifischen Strukturen. Eine separate Theorie des Lexikons müsste die Strukturen solcher Einheiten beschreiben und erklären.

Es wurde auf S. 52 und 53 bereits erwähnt, dass eine funktionale Syntax Regeln umfasst, Beziehungen zwischen Funktionen zu beschreiben. So werden im Diagramm (17) der Subkategorie (k_2) mehrere Funktionsnetze zugeordnet, z.B. F_1 - F_4, F_5 - F_8 usw. Auf diese Weise wird erreicht, dass eine linguistische Struktur durch "sämtliche strukturelle und lexikalische Mittel", wie Halliday diese nennt[1], alle Macro-Funktionen zum Ausdruck bringt. Wie er bemerkt, kann ein Wort ein semantisches Merkmal aufweisen, seine Morphologie jedoch ein anderes und sein Platz in der Sequenz wiederum ein anderes. Halliday folgert, dass "(...) any element may have more than one structural role, like a chord in a fugue which participates simultaneously in more than one melodic line."[2] Dies bedeutet, dass z.B. einem SUBJEKT weitere Funktionen zugeordnet werden können: THEMA oder RHEMA, NEU oder GEGEBEN, AGENS oder AFFIZIERT.

---

1 Halliday 1976, S. 24
2 Halliday 1976, S. 24

Letztere Funktionen können innerhalb einer unabhängigen linguistischen Struktur auf Grund der sprachlichen Macro-Funktionen ausfindig gemacht werden; sie können somit auch als "systeminhärente Funktionen" bezeichnet werden. Funktionen, die sich aus einer Kategorie (z.B. Satz) der unabhängigen linguistischen Struktur ergeben (z.B. SUBJEKT, PRAEDIKAT, OBJEKT), werden in der vorliegenden Arbeit auch als "strukturelle Funktionen" bezeichnet. Für beide Funktionstypen gilt, dass sie Unterschiede zweier sprachlicher Strukturen begründen, welche nicht von der Segmentierung in Konstituenten und nicht von der Kategorisierung erklärt werden können.

Das Diagramm (20) stellt diese Funktionen schematisch dar:

(20)

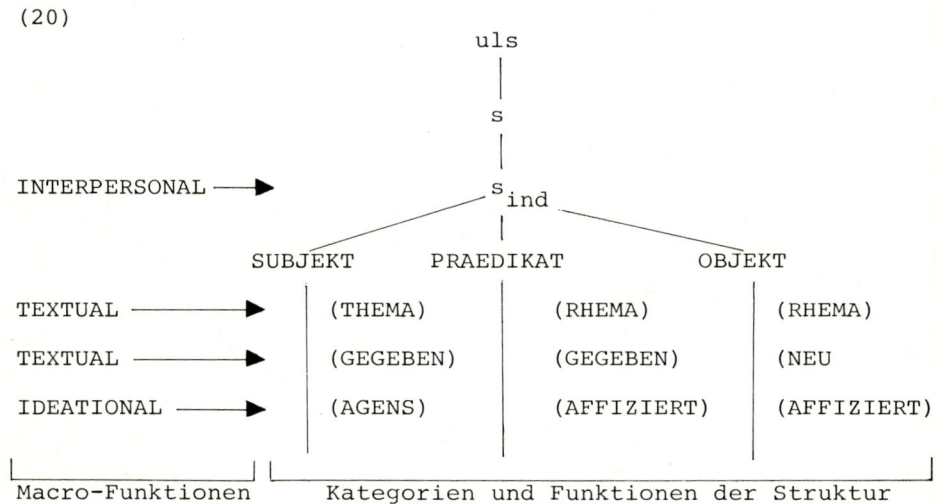

In einem Satz wie (21)

(21)　Karl hörte das Auto.

liefert eine Analyse nach (20) folgende Information: Die unabhängige linguistische Struktur (uls) enthält einen Satz (<u>Karl hörte das Auto</u>), welcher als Indikativsatz subkategorisiert wird; Subkategorien wie (s_{ind}) realisieren in einer Struktur eine interpersonale Macro-Funktion. Der Subkategorie

(s_{ind}) werden drei Funktionen auf Grund struktureller Kriterien zugeordnet (vgl. S. 51): SUBJEKT (Karl), PRAEDIKAT (hörte) und OBJEKT (das Auto). Eine zweite Macro-Funktion der Sprache wird in der Struktur realisiert: Ueber Karl wird etwas mitgeteilt. In diesem Fall wird dem SUBJEKT (Karl) die Funktion THEMA zugeteilt; PRAEDIKAT und OBJEKT (hört das Auto) wird die Funktion RHEMA zugeteilt. Weiter geht aus der Macro-Funktion TEXTUAL hervor, dass Karl und hört GEGEBEN sind, aber was er hört, das Auto, NEU ist. Die ideationale Funktion liefert die Information, dass nicht das Auto (AFFIZIERT), sondern Karl hört: AGENS.

Das Phänomen der Macro-Funktionen und die Schwierigkeit, Ausfindungskriterien für diese aufzustellen, wurden vorher besprochen. Es sollte dennoch darauf hingewiesen werden, dass für alle Funktionen der Struktur, wie sie hier gezeigt werden, gilt, dass sie grammatikalisch distinktiv sind. Einige Beispiele erläutern dies:

a. THEMA, RHEMA

In einem Satz wie (22)

(22) Dem kleinen Mädchen schenken die Grosseltern eine Puppe.

wird über das kleine Mädchen (THEMA) mitgeteilt, dass die Grosseltern ihm eine Puppe schenken (RHEMA). In einem Satz wie (23)

(23) Die Grosseltern schenken dem kleinen Mädchen eine Puppe.

wird über die Grosseltern (THEMA) mitgeteilt, dass sie dem kleinen Mädchen eine Puppe schenken (RHEMA).

Für viele Sprachen gilt, dass die Funktion (THEMA) in der Anfangssubkategorie (s) an erster Stelle steht[1]. Unter (THEMA)

---

[1] Halliday 1976, S. 179

versteht Halliday: "what I am talking about"[1] oder: "Hier ist die Ueberschrift zu dem, was ich jetzt sage".[2] In aktiven Sätzen fällt das nicht-markierte THEMA mit der strukturellen Funktion SUBJEKT und mit der systeminhärenten Funktion AGENS zusammen, ausser wenn dem ein guter Grund entgegen steht[3].

(24) Jan deed het.

In (24) ist Jan (THEMA), (SUBJEKT) und (AGENS). In passiven Sätzen wird die Funktion AGENS von diesem Komplex abgespalten und sie kann oft weggelassen werden. Das THEMA fällt in passiven Sätzen mit dem Subjekt zusammen:

(25) Deze huizen werden (door mijn grootvader) verkocht.

Auch in interrogativen Sätzen steht die Funktion (THEMA) an erster Stelle und enthält den Wunsch nach Information. In diesem Fall kann das THEMA sich in verschiedenen strukturellen Funktionen realisieren: z.B. VERBUM FINITUM, W-FUNKTION[4]:

(26) Deed Jan het?

(27) Wie deed het?

Wenn das Thema markiert ist, so ist es entweder nominalisiert (28) oder nicht-nominalisiert (29) und (30); im letzteren Fall ist es attributiv (29) oder adverbial (30):

(28) Die auto koop ik.

(29) Intelligent is de man.

(30) Morgen ga ik weg.

---

[1] Vgl. Halliday 1976, S. 179, 180

[2] Halliday 1975, S. 147

[3] d.h. nach Halliday 1975, S. 146, wenn die Funktion NEU nicht "eine Antwort auf eine besondere gestellte oder implizierte Frage ist".

[4] Halliday 1975, S. 145

b. GEGEBEN, NEU

In einer unabhängigen linguistischen Struktur wie (31)

(31) Wer sieht den Hund? Hans sieht den Hund.

ist GEGEBEN, dass der Hund gesehen wird; NEU ist aber, wer sieht: Hans. In einer unabhängigen linguistischen Struktur wie (32)

(32) Was sieht Hans? Hans sieht den Hund.

ist GEGEBEN, dass Hans etwas sieht; NEU aber ist, was Hans sieht: den Hund. Die Funktionen (NEU) und (GEGEBEN) lassen sich somit aus einer unabhängigen linguistischen Struktur ableiten. Die Hauptbetonung markiert die Neuinformation, während die Präsupposition (GEGEBEN) ihr vorangeht. Die Funktion (GEGEBEN) umschreibt Halliday als "what you were talking about"[1] oder übersetzt: "hier ist ein Berührungspunkt zu dem, was du weisst".[2] THEMA fällt mit der Funktion (GEGEBEN) und RHEMA mit der Funktion (NEU) zusammen, wenn kein "(...) guter Grund für die Wahl einer anderen Anordnung besteht."[3]

Im übrigen sind (GEGEBEN) und (NEU) nicht identisch mit "vorher erwähnt" und "vorher nicht erwähnt", sondern sie werden vom Sprecher bezeichnet als "ableitbar oder nicht ableitbar aus dem vorangegangenen Diskurs."[4]

c. AGENS, AFFIZIERT

In einem Satz wie (33)

(33) Das Auto wird von der Polizei abgeschleppt.

---

1 Halliday 1976, S. 179, 180
2 Halliday 1975, S. 147
3 d.h. wenn es keine Abweichungen gibt in dem "normalerweise" zu erwartenden Intonationsmuster (vgl. Halliday 1975, S. 147)
4 Halliday 1976, S. 176

wird mittels der Funktion AGENS begründet, dass nicht das Auto (AFFIZIERT), sondern die Polizei abschleppt.

Auf ähnliche Weise zeigt Halliday, dass strukturelle Funktionen weiteren systeminhärenten Funktionen zugeordnet werden müssen. Die grammatikalisch distinktiven Eigenschaften letzterer Funktionen macht er an Hand folgender Beispiele klar:

(34) John has seen the play.

wobei play betont wird: SUBJEKT als AGENS.

(35) The play has been seen by John.

SUBJEKT als AFFIZIERT[1].

(37) The play John has seen (= "the play, John has seen, but ...")

SUBJEKT als THEMA.

Solche Beispiele führen zu der Folgerung: "(...) the element 'subject' in English (...) is a complex element within which it is possible to distinguish three components, or features; each of these may contrast independently of the other two, although there is a general, and generalizable, tendency to co-variation among them."[2]

Es bestehen verschiedene Argumente, um für die Anfangssubkategorie (s) einen PROZESS, einen AGENS (Täter, "logisches Subjekt"), einen PATIENS (Ziel, "logisches direktes Objekt"), ein BENEFAKTIVUM (Begünstiger, "logisches indirektes Objekt") und ein INSTRUMENT anzunehmen[3]. Allerdings ist es im jetzigen Forschungsstand problematisch, eindeutig festzustellen, wieviele ideationale Funktionen zu unterscheiden sind, welche Kriterien dabei relevant sind und wie man diese Funktionen benennen sollte (vgl. Kürschner 1973).

---

1 "agens" und "affected" werden hier übersetzt mit "agens" und "affiziert"

2 Halliday 1976, S. 95

3 Halliday 1975, S. 133

Akzeptiert man jedoch Hallidays Vorschläge, so gäbe es grundsätzlich zwei Typen "Handlungssätze": Medium (mit nur einer implizierten[1] Funktion AGENS) und Non-Medium (mit den zwei implizierten Funktionen AGENS und PATIENS, wovon eine nicht realisiert werden muss). Falls Non-Medium, dann "aktiv" (auch als "operativ" bezeichnet) oder "passiv" (auch als "rezeptiv" bezeichnet); falls aktiv, dann mit oder ohne PATIENS; falls passiv, dann mit oder ohne AGENS. Zwei Beispiele, entliehen bei Halliday 1975[2], erläutern diese Unterscheidungen:

(37) Der Turm ist eingestürzt. (Medium, AGENS, aktiv)

(37) Der Turm ist verkauft worden. (Non-Medium, PATIENS, passiv; AGENS fehlt)

Bei der Anfangssubkategorie "Mentalprozess-Satz" unterscheidet Halliday die Funktion PROCESSOR ("Verarbeiter"), die ein Lebewesen impliziert, und die Funktion PHENOMENON ("Phänomen"), die das Bewusstsein anregt[3]. Die non-medialen Anfangssubkategorien haben im Aktiv entweder PHENOMENON oder PROCESSOR als SUBJEKT[4]:

(39) Das Geschenk freute sie.

(40) Sie freute sich über das Geschenk.

Der Prozess ist nach Halliday[5] in "Relationssätzen" eine

---

[1] Halliday bezeichnet jene Funktion als "inhärent", die mit einem gegebenen Satztyp immer verknüpft ist, selbst wenn sie nicht notwendig in der Struktur aller Sätze dieses Typs ausgedrückt wird (Halliday 1975, S. 135); dieser Begriff wird in dieser Arbeit mit dem Ausdruck "implizierte Funktion" angedeutet - der Terminus "systeminhärente Funktion" wird in dieser Arbeit verwendet für die Funktionen, welche die Macro-Funktionen realisieren.

[2] Halliday 1975, S. 137

[3] Halliday 1975, S. 137

[4] Halliday 1975, S. 137

[5] Halliday 1975, S. 139

Form von Relation zwischen zwei Rollen. Attributive Relation kommt vor in (41) und (42):

(41) Vondel was een dichter.

(42) Vondel war ein Dichter.

In diesen Sätzen wird die Relation durch die Klassenzugehörigkeit charakterisiert; im Falle äquativer Relation identifiziert eine Entität die andere[1]:

(43) Hij is mijn beste vriend.

(44) Er ist mein bester Freund.

Diese Unterteilung der Relationssätze begründet Halliday u.a. damit, dass die attributiven Relationssätze im Englischen nicht umkehrbar sind und dass sie die Rolle "Attribut" besitzen, welche eine Klassenzugehörigkeit ausdrückt; äquative Relationssätze sind hingegen umkehrbar, sie haben die Rolle "Identifikator" und drücken Klassenidentität aus[2]. Die Behauptung, dass der Identifikator ein Nomen ist, scheint für das Niederländische nicht stichhaltig zu sein:

(45) Wie wordt het?

Halliday schlägt vor, die verschiedenen ideationalen Funktionen der Handlungs-, Mentalprozess- und Relationssätze zu generalisieren[3]. Eine solche Generalisierung scheint notwendig, weil es in verschiedenen Sprachen Verben gibt, die sowohl mit AGENS und PATIENS als auch mit INITIATOR und AGENS vorkommen. Satz (46) ist ein Beispiel der ersten Möglichkeit, (47) der zweiten:

(46) Ich koche die Milch.

(47) Der Chauffeur fährt das Auto.

---

1 Halliday 1975, S. 139
2 Halliday 1975, S. 139
3 Halliday 1975, S. 140f

Auch in (48) und (49) ist jeweils die Rede von INITIATOR und AGENS:

(48) De jongen rolt de bal.

(49) Der Junge rollt den Ball.

Für die Sätze (46)-(49) kann man eine "ergative" Grundlage annehmen[1]. In solchen Sätzen gibt es die ergative Funktion AFFIZIERT; sie wird nämlich vom Prozess affiziert: in (46) die Milch, in (47) das Auto, in (48) de bal und in (49) den Ball. Die Funktion AGENS ("Verursacher") wird als Ich in (46), als Der Chauffeur in (47), als De jongen in (48) und als Der Junge in (49) realisiert. Dieses ergative Muster scheint in verschiedenen Sprachen eine allgemeinere Gültigkeit als das AGENS-PATIENS-Modell zu haben. Die Funktion AFFIZIERT entspricht in einem transitiven Satz meistens PATIENS, in einem intransitiven Satz AGENS. Im Schema (20) auf S. 56 kommen diese Generalisierungen des ergativen Musters zum Ausdruck.

Eine Analyse wie (20) liefert eine explizitere Beschreibung als (52). Es scheint sinnvoll, dies an Hand der Sätze (50) und (51) zu zeigen:

(50) The man hit the ball.

(51) The ball hit the man.

Dik analysiert beide Sätze wie im Diagramm (52)[2]. Er fügt hinzu: "If (50) and (51) are analysed as in (52), they have identical constituentanalyses and identical categories in the same order. But they are functionally different. In (50), the man is SUBJECT and the ball is OBJECT; in (51) the ball is SUBJECT and the man is OBJECT."

---

1 Halliday 1975, S. 141
2 Dik 1972, S. 173

(52)

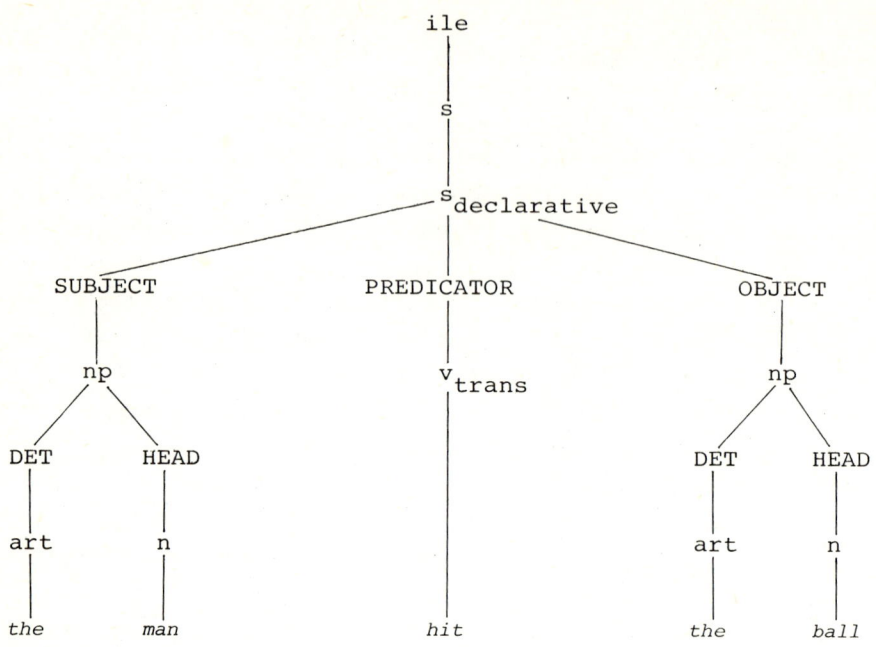

Aehnliche Sätze im Niederländischen sind jedoch homonym, was in einer Analyse wie (52) nicht zum Ausdruck gebracht werden kann. Ausgehend von einer unabhängigen linguistischen Struktur kann man dennoch mittels einer Analyse, wie in (20) vorgeschlagen, die Homonymität begründen. Sind zwei unabhängige linguistische Strukturen (53) und (54) gegeben:

(53) Raakt de bal de vrouw? Nee. De man raakt de bal.

(54) Wat raakt de man? De man raakt de bal.

so gilt für den letzten Teil von (53) nun Diagramm (55) und für den letzten Teil von (54) Diagramm (56):

(55)

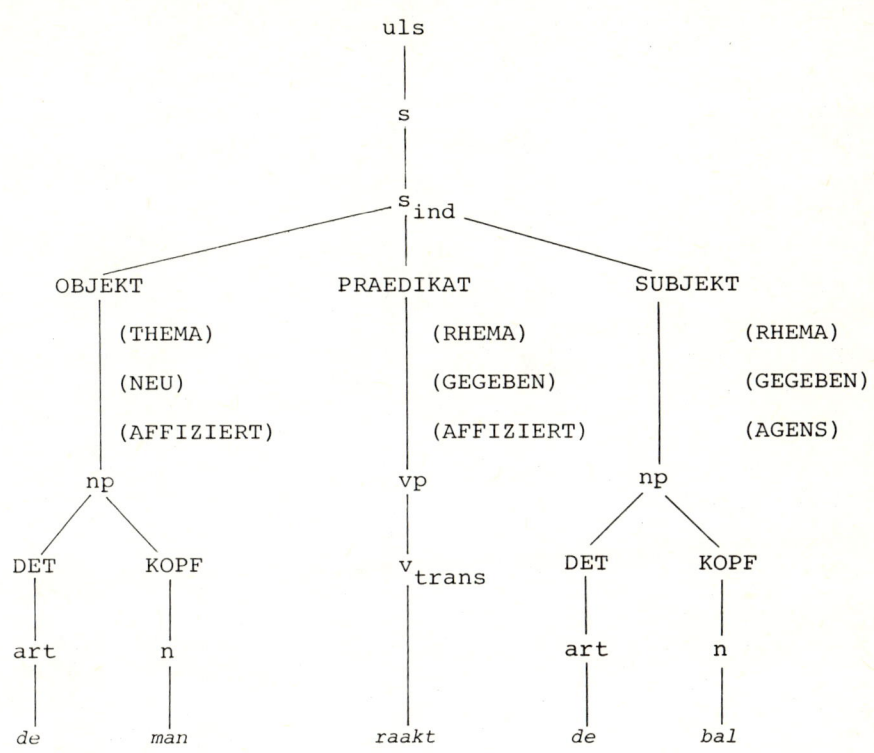

Erklärung der Abkürzungen: DET = DETERMINATOR, KOPF = eine Funktion, welche die gleiche Distribution besitzt wie die Kategorie oder Funktion, die an nächstoberer Stelle in der Hierarchie vorkommt, trans = die Subkategorie transitiv.

Eine solche Analyse impliziert, dass von de man (THEMA) gesagt wird, dass de bal (RHEMA) ihn raakt (RHEMA); innerhalb der unabhängigen linguistischen Struktur (53) ist de man NEU und AFFIZIERT, raakt GEGEBEN und AFFIZIERT und de bal GEGEBEN und AGENS.

Der zweite Teil von (54) wird auf Grund der linguistischen Eigenschaften der unabhängigen Struktur (54) wie in (56) analysiert:

(56)

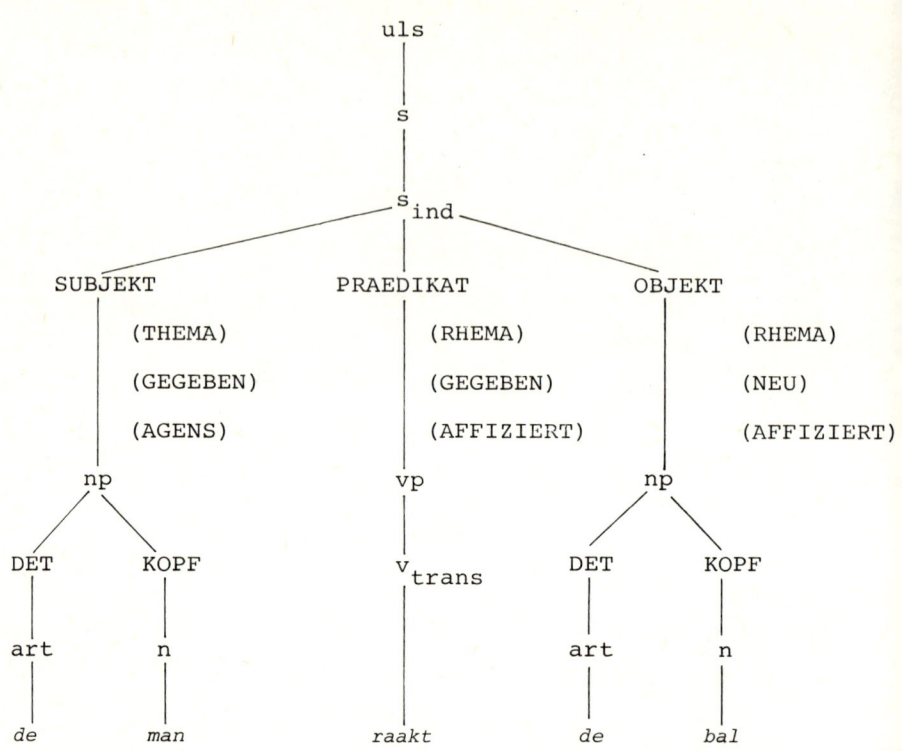

Nicht nur werden in Analysen wie (20), (55) und (56) distinktive Eigenschaften beschrieben, welche in einer Analyse wie (52) fehlen, sondern sie bilden auch einen Ansatz zu erklären, warum syntaktische Homonyme selten zu Missverständnissen führen. Neben den strukturellen Funktionen wie SUBJEKT, PRAEDIKAT, OBJEKT usw. stellen die von den Macro-Funktionen abgeleiteten Funktionen THEMA, RHEMA, GEGEBEN, NEU, AGENS und AFFIZIERT einen linguistischen Parameter dar, um solche Erscheinungen zu erklären.

Es sei hier ein dritter Vorteil einer funktionalen Beschreibung erwähnt. Grammatikalisch unterschiedliche Konstituenten wie z.B. das Auto, es, das Ding, das dein Vater gekauft hat müssen nicht, wie in der TG, einer Kategorie (np) zugeordnet werden. Ein ähnliches grammatikalisches Verhalten solcher

unterschiedlichen Segmente wird begründet, indem sie einer
gleichen Funktion (z.B. SUBJEKT) zugeteilt werden. Wie Dik
ausführt, sind die Kategorien einer funktionalen Syntax
paradigmatisch distinktiv: es gehört zu einer anderen Kategorie als das Auto oder anders formuliert: "One can say that
a noun phrase always contains one or more nouns, but not that
a noun is a noun phrase."[1] Wenn man sich überlegt, wieviele
distinktive Eigenschaften etwa ein Personalpronomen besitzt,
so muss man Diks Ansicht teilen, wonach es einfach irreführend wäre, ein Personalpronomen als Nominalphrase zu behan-
deln.

Es muss zum Schluss noch auf das Problem der "minimalen
Segmentierung" eingegangen werden. Halliday schlägt eine
"minimal bracketing" für die funktionale Syntax vor. "Minimal" heisst aber nicht eine binäre Segmentierung, wie am
Anfang dieses Kapitels gezeigt. Im Satz (57)

(57) John threw the ball.

ergibt nach Halliday[2] eine minimale Segmentierung eine Struktur von drei Elementen: "ACTOR", "PROCESS" und "GOAL". Der
Satz kann so interpretiert werden, dass the ball als NEUE
und John threw als GEGEBENE Information gilt; das ergibt
eine Segmentierung in zwei Konstituenten. Eine dritte Analyse würde wieder eine Segmentierung in zwei Konstituenten
liefern: THEMA John, RHEMA threw the ball. Halliday stellt
nun fest: "Thus any item may have not just one structure
but many. Since there may be a number of simultaneous structures superimposed on one another in this way, minimal bracketing is the most neutral; in the present example, only a tree
corresponding to the first bracketing is an adequate repre-
sentation of all three." Es sieht so aus, dass Halliday unter
"minimal bracketing" versteht: "Möglichst wenig segmentieren";

---

1 Dik 1972, S. 175
2 Halliday 1976, S. 5

dies zeigt sich auch an anderer Stelle: "(...) any bracketing more than the necessary minimum is redundant, because the information it contains is recoverable from the systemic part of the description."[1]

Hallidays Auffassungen bezüglich Satz (57) können so interpretiert werden, dass eine Subkategorie (z.B. S_{ind}) einer unabhängigen linguistischen Struktur zuerst auf Grund der strukturellen Funktionen (z.B. SUBJEKT, PRAEDIKAT, OBJEKT) segmentiert wird. Eine solche minimale Segmentierung erlaubt eine weitere Analyse nach unten. Dieser Vorgang scheint um so vorteilhafter, wenn für die Zahl der strukturellen Funktionen ein klar formuliertes Kriterium besteht. Da die Zahl der Funktionen eines systeminhärenten Funktionsnetzes nicht grösser ist als die Zahl der Funktionen eines strukturellen Funktionsnetzes, können systeminhärente Funktionen wie THEMA, RHEMA usw. erst nachher in die Beschreibung aufgenommen werden.

4.4. Regeltypen der funktionalen Syntax

Eine funktionale Syntax, die linguistische Strukturen einer Sprache beschreibt, enthält, wie aus Diagramm (17) hervorgeht[2],

(a) eine Anfangskategorie (uls)
(b) eine Menge Kategorien, die nicht Anfangskategorien sind (k_1, k_2 ... k_n), spezifiziert in
  (1) eine Menge Anfangssubkategorien
  (2) eine Menge terminaler Kategorien
  (3) eine Menge Kategorien, welche weder Anfangssubkategorien noch terminale Kategorien sind

---

1 Halliday 1976, S. 4
2 Vgl. Dik 1972, S. 171

(c) eine Menge strukturelle und systeminhärente Funktionen
(F_1, F_2 ... F_n)
(d) eine Menge Endterme (e_1, e_2 ... e_n)

In der Beschreibung werden kontextfreie und kontextsensitive Ersetzungsregeln verwendet vom Typus:

(58)   a y b ⟶ a z b

Diese Regel wird wie folgt interpretiert: expandiere das Symbol links des Pfeils durch ein oder mehrere Symbole rechts des Pfeils. Regel (58) kann vereinfacht werden zu (59):

(59)   y ⟶ z / a - b

wobei gilt, dass links des Pfeils jeweils nur ein Symbol stehen darf und dass der Kontext hinter einem Schrägstrich steht. Bei kontextfreien Regeln sind die Symbole hinter dem Schrägstrich (a und b) gleich Null. Wenn (a) und (b) nicht beide Null sind, ist die Regel kontextsensitiv. Fakultative Elemente werden durch runde Klammern, Alternative durch geschweifte Klammern symbolisiert:

(60)   a ⟶ (b) c

(61)   a ⟶ $\begin{Bmatrix} b \\ c \end{Bmatrix}$

Auf Grund der Unterscheidungen, welche im Diagramm (17) dargestellt wurden, können nun mit Hilfe der oben erwähnten Konventionen vier Grundregeln der funktionalen Syntax formuliert werden:

(i) Subkategorisierungsregeln

Ein Symbol links des Pfeils wird durch Subkategorisierung rechts des Pfeils näher bestimmt. Ein solcher Vorgang ist notwendig, um Sätze wie (62) auszuschliessen:

(62) *Das Fleisch frisst den Hund.

Offenbar kann nicht jeder Endterm beliebig neben einem anderen Endterm auftreten. Inhärente, strikte und selektionale

Subkategorisierungen müssen verhüten, dass Sätze wie (62) entstehen. Die Subkategorisierung stellt jedoch ein Problem dar, das die Sprachwissenschaft bis jetzt nicht befriedigend gelöst hat. Das liegt nicht zuletzt daran, dass es sich bei diesem Problem um die Beziehung zwischen Sprache und "Wirklichkeit" handelt und um die Methode, eine solche Beziehung zu beschreiben.

Bei nicht-metaphorischer Interpretation[1] des Satzes (62) wäre zu folgern, dass seine Ungrammatikalität darauf zurückzuführen ist, dass das Subjekt das Fleisch nicht die semantischen Merkmale aufweist, welche auf Grund von frisst zu erwarten wären, nämlich "konkret", "zählbar", "Gegenstand", "belebt" usw. Solche Merkmale lassen sich in einer Formativmatrix unterbringen:

(63)

	konkret	temporal	Stoff	zählbar	Gegenstand	belebt	menschlich	Tier
Hund	+	-	-	+	+	+	-	+
Fleisch	+	-	+	-	-	-	-	-
Tag	-	+	-	+	-	-	-	-

Informationen wie in der Matrix (63) können in einem linguistischen Lexikon aufgenommen werden. Nach der phonologischen Beschreibung des Lexemes würden im Lexikon die semantischen Merkmale folgen:

(64) H U N D   + konkret - temporal - Stoff + zählbar
              + Gegenstand + belebt - menschlich + Tier

Es ist fraglich, ob solche Merkmale nicht nur als "semantisch", sondern auch als "syntaktisch" charakterisiert werden müssen, und unklar ist, was genau unter "semantisch" und "syntaktisch" zu verstehen ist. Ein Satz wie (65)

---

[1] Verkuyl 1974 (S. 113f) unterscheidet in dieser Beziehung (i) eine "auserwählte Welt" ("uitverkoren wereld"), die sinnlich wahrnehmbar ist, und (ii) andere Welten, worüber metaphorisch gesprochen werden kann

(65) *Der Hund frisst zwei Fleische.

scheint ungrammatikalisch zu sein, weil <u>Fleisch</u> unzählbar ist. Das semantische Merkmal "unzählbar" schliesst offenbar eine syntaktische Verbindung von <u>zwei</u> mit <u>Fleisch</u> aus. Auch Subkategorisierungen wie "transitiv" und "intransitiv" scheinen sowohl aus semantischen als auch aus syntaktischen Gründen vorgenommen zu werden. Satz (66)

(66) *Der Hund bellt einen Stock.

scheint ungrammatikalisch zu sein, weil intransitive Verben syntaktisch nicht mit Objekten verbunden werden können.

Es ist schwierig festzustellen, welche Merkmale zur "Bedeutung" einer Konstituente gehören (vgl. z.B. Katz oder Fodor 1965); ebenso ist nicht geklärt, welche semantischen Merkmale innerhalb der Syntax relevant sind (vgl. Verkuyl 1974, S. 129). Ob jede Konstituente eine universale Bedeutung besitzt, welche für die Syntax relevant ist (vgl. McCawley 1968), bleibt eine offene Frage.

Ausserdem ist in der TG umstritten, in welcher Komponente die subkategoriale Information aufgenommen werden sollte (vgl. Chomsky 1965 oder McCawley 1971). Da eine funktionale Syntax, wie sie in dieser Arbeit vorgeschlagen wird, nicht die Komponenten Tiefen- und Oberflächenstruktur kennt, scheint es sinnvoll, in einer Analyse wie (17) die komplexen Symbole, bestehend aus Informationen der Subkategorisierung, in die präterminale Kette aufzunehmen. Daraufhin kann die präterminale Kette mit dem Lexikon verglichen werden. Wenn die Information der Kette mit der des Lexikons übereinstimmt, werden den komplexen Symbolen Wörter zugeordnet, d.h. lexikalische Insertion.

Zusammenfassend kann gesagt werden, dass, obschon der Status der Begriffe "semantisch" und "syntaktisch" ungeklärt ist (vgl. Porzig 1967), die Subkategorisierung ein wesentlicher Bestandteil der Syntax ist. Die Subkategorisierungsregeln können in einer funktionalen Syntax folgende Form haben:

uls ⟶ s

Die Subkategorie Satz (s) bestimmt die unabhängige linguistische Struktur (uls) näher;

v ⟶ v_{trans}

Die strikten Subkategorisierungsmerkmale werden rechts unter das Subkategoriesymbol geschrieben;

n_{sg} ⟶ + konkret + zählbar + Gegenstand + belebt
− menschlich + Tier

rechts des Pfeils werden zwischen viereckige Klammern die kontextfreien, inhärenten Merkmale notiert, welche die Subkategorie links des Pfeils präzisieren. Abkürzungen entstehen durch Anwendung der Redundanzregeln:

+ Tier ⟶ + belebt

Die Information + Tier impliziert bereits + belebt.

(ii) Funktionale Regeln

Funktionale Regeln spezifizieren die Funktionsnetze einer Kategorie:

s_{ind} ⟶ SUBJEKT + PRAEDIKAT + OBJEKT

Da funktionale Regeln Systemnetze generieren, folgen rechts des Pfeils immer wenigstens zwei Symbole.
 Wenn in einer gegebenen Sprache folgende Sätze vorkommen[1]:

(a) s_{ind} ⟶ SUBJEKT + PRAEDIKAT + OBJEKT + INDIREKTES OBJEKT

(b) s_{ind} ⟶ SUBJEKT + PRAEDIKAT + OBJEKT

(c) s_{ind} ⟶ SUBJEKT + PRAEDIKAT

---

[1] Vgl. Dik 1972, S. 180

so können diese auf Grund der oben erwähnten Konventionen wie in (67) abgekürzt werden:

(67)
$$s_{ind} \longrightarrow \begin{cases} \text{SUBJEKT + PRAEDIKAT + OBJEKT + INDIREKTES OBJEKT} \\ \text{SUBJEKT + PRAEDIKAT + OBJEKT} \\ \text{SUBJEKT + PRAEDIKAT} \end{cases}$$

Mit Hilfe der runden Klammern entsteht somit (68):

(68) $s_{ind} \longrightarrow$ SUBJEKT + PRAEDIKAT (OBJEKT(INDIREKTES OBJEKT))

Durch Koordination ist es möglich, einer Kategorie unendlich viele Funktionen zuzuordnen. Daher schlägt Dik Regelschemen vom Typus (69) vor[1]:

(69) k $\longrightarrow F^n (n > 1)$

Ein Regelschema wie (69) ist die Abkürzung einer unendlichen Zahl von Regeln wie (70):

(70) A $\longrightarrow$ B
      A $\longrightarrow$ B + B
      A $\longrightarrow$ B + B + B
            usw.

Der Vorteil von Regelschemen wie (69) liegt darin, dass man unendliche Erweiterungen von sprachlichen Strukturen (durch Koordination) darstellen kann. Eine linguistische Beschreibung enthält somit, wie Dik[2] es ausdrückt, eine endliche Menge Regeln (i) und Regelschemen (ii), die eine unendliche Menge Regeln spezifizieren, welche wiederum eine unendliche Menge sprachlicher Strukturen spezifizieren.

---

1 Dik 1972, S. 186
2 Dik 1972, S. 185

74   Funktionale Syntax

(iii) Kategoriale Regeln

Kategoriale Regeln spezifizieren eine Funktion:

    SUBJEKT ———▶ np

    OBJEKT ———▶ Personalpronomen

Rechts des Pfeils kann jeweils nur ein Symbol auftreten.

(iv) Spezifikationsregeln

Die präterminalen Kategorien, die links des Pfeils stehen, werden rechts des Pfeils durch Formative aus dem Lexikon ersetzt, welche identische Merkmale aufweisen:

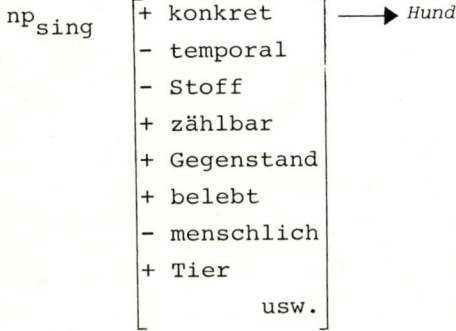

4.5. Kontinuierliche und diskontinuierliche Regeln

In kontinuierlichen Regeln erscheinen rechts des Pfeils die Symbole direkt hintereinander; in diskontinuierlichen Regeln werden die Symbole rechts des Pfeils voneinander getrennt. Diskontinuierliche Regeln sind notwendig, um Sätze wie (71) zu beschreiben:

(71) Er fährt morgen weg.

Eine diskontinuierliche Regel sieht aus wie (72):

(72) vp ———▶ KOPF + ... + MODIFIKATOR

Auch für die diskontinuierlichen Regeln gelten die oben erwähnten Konventionen. So wird in (73)

(73) vp ———▶ KOPF + (...) + MODIFIKATOR / a - b

begründet, dass eine Konstituente fakultativ zwischen Kopf und Modifikator geschoben oder eingebettet ist[1].

Auch die Beschreibung der diskontinuierlichen Konstituenten ist in der Sprachwissenschaft umstritten. Argumente für eine Beschreibung wie oben sind u.a. zu finden bei Yngve 1960, Harmon 1963, Matthews 1963 und Dik 1972. Der letztere zeigt, dass es keine Gründe gibt, diskontinuierliche Konstituenten, die in einer Sprache vorkommen, zuerst als kontinuierliche zu beschreiben, vor allem nicht, wenn Transformationsregeln in einer funktionalen Syntax fehlen.

4.6. Rekursive Elemente

Wie aus den Sätzen (74) und (75) hervorgeht, ist die Menge der möglichen Sätze einer Sprache unendlich:

(74) Otto sagte es Friedrich, der es Sebastian sagte, der es dem Buchhalter sagte...

(75) Peter besitzt ein Auto und sein Vater besitzt ein Haus und der Metzger besitzt einen Farbfernseher und ...

Dieser Umstand würde in der Grammatik zu einer unendlichen Zahl Regeln führen. In der TG wurden rekursive Regeln eingeführt, um das zu vermeiden. Seit Chomsky 1965 wird die Rekursivität meistens im kategorialen Regelsystem verantwortet. In der TG hat eine rekursive Regel die Form von (76):

(76) s ———▶ np vp
     vp ———▶ v
     np ———▶ np s
     s ———▶ np vp   usw.

---
[1] Vgl. Dik 1972, S. 181f

Rekursive Elemente wie (s) können sowohl in rekursiven Regeln als auch in rekursiven Regelschemen auftreten. (76) stellt ein rekursives Regelsystem für (s) dar, während (77) ein Beispiel einer rekursiven Regel (für np) ist:

(77) np ──────▶ np s

Weil in einer funktionalen Syntax links und rechts des Pfeils Symbole vorkommen, die verschiedene, sich nicht überschneidende Teilmengen des Lexikons repräsentieren, sind rekursive Regeln überflüssig[1]. Andererseits kann eine bestimmte Kategorie, welche einem Funktionsnetz zugeordnet wurde, wieder erscheinen bei der Spezifizierung des Funktionsnetzes:

(78) Ich vergass, was ich ihn fragen wollte.

   s ──────▶ SUBJEKT + PRAEDIKAT + OBJEKT
  OBJEKT ──────▶ s
     usw.

In seiner Besprechung der Rekursivität scheint Dik sich zu widersprechen. Zuerst macht er klar, dass rekursive Elemente in einer funktionalen Syntax nötig sind. Dann stellt er fest, dass rekursive Elemente entweder durch rekursive Regeln oder durch rekursive Regelschemen introduziert werden. Anschliessend folgert er aber, dass in einer funktionalen Syntax "(...) recursive rules are excluded by the very structure of such a grammar (...)"[2]; nicht nur rekursive Regeln werden abgelehnt, sondern auch Regelschemen: "For our present purposes it is sufficient to have indicated its (= recursion, J.S.) basic place within such a system, as well its difference from rule-schemata which in a different way make for the formation of indifinite sets of sequences on the basis of a finite set of symbols."[3]

---

[1] Dik 1972, S. 189
[2] Dik 1972, S. 189
[3] Dik 1972, S. 190

Diks Analysen muss man trotz dieses Widerspruchs so interpretieren, dass Rekursivität in Regelschemen wie (78) zu beschreiben sind.

4.7. Die Organisation der Regeln

Für die funktionale Syntax wird eine bestimmte Reihenfolge der Regeln postuliert[1]: zuerst werden Subkategorisierungsregeln angewendet, dann Regeln der strukturellen Funktionen, Regeln der systeminhärenten Funktionen, Kategorisierungsregeln und Spezifikationsregeln. Diese Reihenfolge und die Anwendung der Regeln weichen in der vorliegenden Arbeit wegen der neu eingeführten Unterscheidungen im Abschnitt (4.3.) teilweise von Diks Vorschlag ab.

Die Anwendung der Regeln findet somit in einer Ordnung wie folgt statt: (i) Selektiere eine Subkategorisierungsregel, die (uls) als Symbol links des Pfeils hat; (ii) bestimme, ob Subkategorisierung des Symbols rechts möglich ist; (iii) sobald eine Kategorie gefunden ist, welche nicht weiter subkategorisiert werden kann, wende eine strukturelle Funktionsregel an, wobei die Kategorie links des Pfeils steht; (iv) bestimme für jede der strukturellen Funktionen eine systeminhärente Funktion; (v) wiederhole diese Regel, bis die letzte systeminhärente Funktion bestimmt ist; (vi) wähle für jede der strukturellen Funktionen eine kategoriale Regel; (vii) wende daraufhin Subkategorisierungsregeln an; (viii) sobald eine Kategorie gefunden ist, die nicht weiter subkategorisiert werden kann, wende eine strukturelle Funktionsregel an; (ix) wähle für jede der übriggebliebenen Funktionen eine kategoriale Regel; (x) falls die übrigbleibenden Kategorien keine präterminalen Konstituenten sind, wiederhole (vii), (viii) und (ix), bis die präterminalen Konstituenten erreicht

---

[1] Vgl. Dik 1972, S. 191f

sind; (x) selektiere für jede präterminale Konstituente eine Formative aus dem Lexikon mit identischen linguistischen Eigenschaften.

Schematisch sieht die Reihenfolge der Regeln aus wie in (79)

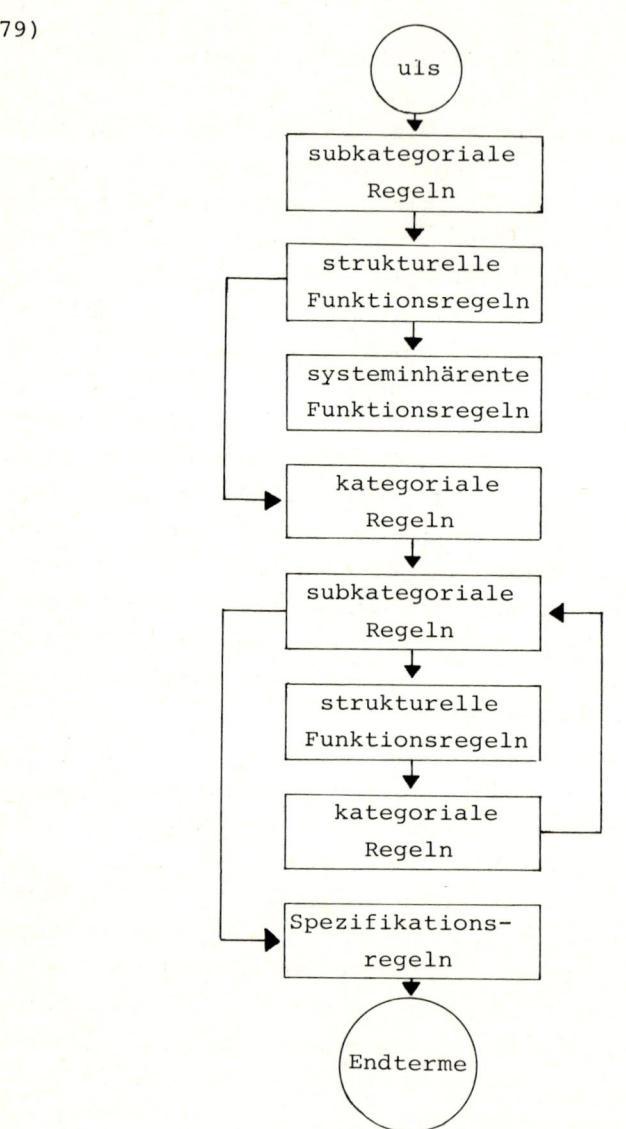

Die Pfeile geben die Richtung der Analyse an.

Damit in jedem Stadium der Analyse jeweils der Kontext berücksichtigt werden kann, schlägt Dik eine Derivation vor, die von der TG abweicht[1]. Dazu ist es notwendig, eine neue Konvention einzuführen: Bei Anwendung einer Regel vom Typus

(80) A $\longrightarrow$ X + Y

gilt: Ersetze A durch X + Y; bringe X + Y zwischen Klammern und notiere A als Index vor der linken Klammer wie in (81):

(81) $_A(X + Y)$

Die Vorteile dieses Verfahrens wären nun, dass (i) auf jeder Stufe der Analyse angegeben ist, welche Regeln angewendet wurden und dass (ii) die letzte Kette alle grammatikalisch relevanten Informationen der Endterme enthält. Auf diese Weise ist eine Umschreibung wie (82) in der präterminalen Kette möglich:

(82)

PRAEDIKAT RHEMA GEGEBEN AFFIZIERT fv fv_{intr} fv_{intr} pret 3.Pers sing $\begin{bmatrix} \text{temporal} \\ \\ \text{usw.} \end{bmatrix}$

Zwar sehen solche Derivationen kompliziert aus; sie machen aber keinen Teil der eigentlichen Beschreibung aus. Derivationen werden gebraucht, um die Regeln der Grammatik zu überprüfen. Ausserdem sind sie eine Grundlage für weitere Spezifikationen des Kontextes[2].

Für keine Sprache gibt es eine wissenschaftliche Beschreibung unabhängiger linguistischer Strukturen, die vollständig und vollkommen wäre. Daher ist immer mit Beispielen, die dem einen oder anderen syntaktischen Modell widersprechen, zu rechnen. Solche Gegenbeispiele sind von grosser Bedeutung,

---

1 Dik 1972, S. 193f
2 Dik 1972, S. 198

denn sie gestatten eine Diskussion über die Syntax und führen möglicherweise zu einer Verbesserung eines Modelles.

In einer kritischen Besprechung von Diks Dissertation zeigt nun Matthews (1969) einige Schwächen der "functional grammar". Er weist auf das Problem der "cross-classification"[1] bei den Kategorien Deklarativ und Imperativ, Aktiv und Passiv hin. Nach Matthews könnte ein Vorschlag von Pike ein solches Problem lösen, indem man ein Deklarativ als Basissatz postuliert und dann durch Deletion des SUBJEKTS einen Imperativ generiert. Eine solche Lösung muss jedoch zurückgewiesen werden, da das funktionale Modell weder Tiefen- noch Oberflächenstrukturen kennt und auf Transformationen verzichtet.

Hallidays Anregung, ebenfalls von Matthews erwähnt, einen Imperativsatz durch das Merkmal "absence of subject" zu charakterisieren, scheint hingegen sinnvoll. In einer funktionalen Syntax wird durch die weitere Spezifikation nach unten eine solche Eigenschaft des Satzes begründet.

Umstritten ist die Analyse eines Satzes vom Typus "John asked Bill to buy him a paper."[2] Erfüllt *Bill* einerseits die Funktion OBJEKT, andererseits die Funktion SUBJEKT? Ein solcher Widerspruch wäre nach Matthews nur mit Hilfe von Transformationen lösbar; diese werden jedoch von Dik ausdrücklich abgelehnt. Das in diesem Kapitel entwickelte syntaktische Modell scheint für diesen Fall eine Lösung zu bieten. Die Anfangskategorie "John asked Bill to buy him a paper" wird als (s) subkategorisiert; diese Subkategorie wird weiter als (s_{ind}) subkategorisiert; für diese letztere Subkategorie werden die strukturellen Funktionen SUBJEKT, PRAEDIKAT, INDIREKTES OBJEKT und DIREKTES OBJEKT selektiert. Nach Halliday könnte man *John* als INITIATOR, *Bill* als AGENS auffassen (vgl. S.62*f*). Die systeminhärenten Funktionen in

---

[1] Matthews 1969, S. 358
[2] Matthews 1969, S. 360

der Beschreibung geben somit an, dass die strukturelle Funktion INDIREKTES OBJEKT als AGENS die Rolle eines "logischen Subjekts" spielt.

Vor die Frage gestellt, welches Beschreibungsmodell beim Entwurf einer kontrastiven Syntax vorzuziehen ist, sollte man abwägen, welche Eigenschaften eines Modells entscheidend sind. Es fällt auf, dass Matthews Kritik die grundlegenden Auffassungen Diks über das Transformationsprinzip nicht widerlegt. Unbesprochen bleibt ausserdem Diks Ansicht, dass die Annahme einer gemeinsamen Tiefenstruktur zweier Sätze arbiträr und überflüssig ist, vorausgesetzt, man ist sich einig, dass es das Ziel einer Syntax ist, die Eigenart der unterschiedlichen Strukturen einzeln zu beschreiben.

4.8. Perspektiven einer funktionalen Syntax für die kontrastive Grammatik

Eine funktionale Syntax, wie in diesem Kapitel vorgeschlagen, basiert vor allem auf Einsichten, die von Halliday und Dik formuliert wurden. Dennoch wurden verschiedene Vorschläge von ihnen modifiziert.

So sind die Unterscheidungen Oberflächen- und Tiefenstruktur von Halliday nicht in die Beschreibung aufgenommen; erstens, weil sie bei ihm ungenügend expliziert werden, und zweitens, weil eine Begründung für solche Unterscheidungen fehlt (vgl. S. 47).

Diks Vorschlag, jeder Kategorie ein Funktionsnetz zuzuordnen, wurde erweitert, indem systeminhärente Funktionsnetze in die Beschreibung aufgenommen werden. Diese Erweiterung ist dadurch begründet, dass auch die systeminhärenten Funktionen grammatikalisch distinktiv sind (vgl. S. 57 f).

Regeln für kontextfreie inhärente Merkmale in der präterminalen Kette mussten eingeführt werden, da sie eine weitere Subkategorisierung ermöglichen. Insertion ist erst nach einer solchen verfeinerten Subkategorisierung durchführbar (vgl. S. 69 f).

Es ist klar, dass die funktionale Syntax, welche in diesem Kapitel dargelegt wurde, nicht eine bis ins Detail ausgearbeitete Grammatik darstellt. Dennoch reicht sie aus, um als Basis für die KG zu dienen.

Eine funktionale Syntax bietet der KG verschiedene wesentliche Vorteile. So werden mit einer endlichen Zahl von Regeln und Regelschemen Sprachstrukturen beschrieben, nicht jedoch die Intuition der Sprecher. Das impliziert für die KG, dass Sprachstrukturen zweier Sprachen und nicht die Intuition zweier Sprecher verglichen werden. Es werden keine Transformationsregeln verwendet; für die KG ist dies von grosser Bedeutung, denn es müssen z.B. keine kontinuierlichen Regeln postuliert werden für Konstituenten, die in einer der zwei oder in beiden Sprachen diskontinuierlich sind. Die Derivation bietet auf jeder Stufe der Analyse die relevante Information, die für das Vergleichen der Sprachen benötigt wird.

Im nächsten Kapitel werden einige Regeln der KG formuliert, die sich auf die funktionale Syntax, wie sie hier skizziert wurde, stützen.

5. Grundzüge der funktionalen kontrastiven Syntax

5.1. Die Objekte der funktionalen kontrastiven Syntax

Innerhalb einer gegebenen Sprache können "Sondersprachen" wie "Pennälersprache", "Gaunersprache", "militärische Sprache", "Seemannssprache", "Studentensprache" usw. unterschieden werden. Intralinguale kontrastive Analysen ermöglichen es, solche "Sondersprachen" zu charakterisieren. Im Mittelpunkt derartiger kontrastiven Analysen stehen Idiom, Aussprache und Morphologie[1]. Vor allem Funktion und Gebrauchsfrequenz im Vergleich zur allgemeinen Sprache und die Herkunft des Idioms stellen grundlegende Fragen der intralingualen kontrastiven Analysen dar. So zeigt Kluge 1911 den niederländischen Einfluss auf die deutsche "Seemannssprache".

Es handelt sich bei den "Sondersprachen" nicht um vollständige, unabhängige Sprachen mit einer eigenen Systematik[2], sondern um typische Sprachformen der gesamten Sprache, welche von bestimmten Gruppen verwendet werden. Solche spezifischen Sprachformen werden von sozialen und im besonderen von beruflichen Faktoren bedingt (vgl. Bausinger 1972). Sie werden meistens getrennt in (i) Fachsprachen und (ii) sozialgebundene "Sondersprachen"[3]. Die "Sondersprachen" mit beschränkter kommunikativer Reichweite scheinen vor allem idiomatisch Inseln der Allgemeinsprache zu sein, besitzen jedoch selten eigene syntaktische Merkmale. Das Rotwelsch

---

[1] Vgl. Soeteman 1956, S. 102f

[2] Soeteman 1956, S. 102

[3] Vgl. Moser 1960, S. 231

ist in dieser Beziehung mit seinen Entlehnungen der hebräischen und jiddischen Syntax eine Ausnahme[1].

Dialekte können ebenfalls Gegenstand intralingualer kontrastiver Analysen sein. Wie Soeteman 1956 zeigt[2], müssen diese Analysen Sprachlaute, Formen, Bedeutungen und in geringerem Masse die Syntax berücksichtigen. Problematisch ist das Abgrenzen der zu vergleichenden Objekte wie z.B. "Dialekt", "Umgangssprache" oder "Schriftsprache".

Auch bei interlingualen kontrastiven Analysen ist es schwierig, Kriterien ausfindig zu machen, mit deren Hilfe die zu vergleichenden Sprachen abgegrenzt werden können. Wenn für die Sprachen L_1 und L_2 jeweils eine Schriftsprache, eine Umgangssprache und eine Mundart angenommen werden, so könnte eine interlinguale kontrastive Analyse z.B. die Umgangssprache von L_1 mit der von L_2 vergleichen. Aber wie können die respektiven Umgangssprachen von Schriftsprache und Dialekt unterschieden werden? Anders formuliert: Was ist bei einer interlingualen kontrastiven Analyse des Niederländischen und des Deutschen unter "dem Niederländischen" und "dem Deutschen" zu verstehen? Inwieweit muss eine interlinguale kontrastive Analyse südlichen Elementen im Niederländischen, z.B. dem Personalpronomen *gij* oder der teilweise artifiziellen deutschen Syntax[3] der "Schriftsprache", Rechnung tragen? Auch wenn solche Fragen nicht eindeutig beantwortet werden können, so müssen sie dennoch innerhalb der KG gestellt werden, um das Objekt kontrastiver Analysen abzugrenzen.

Der syntaktische Bereich von intra- und interlingualen kontrastiven Analysen ist schematisch in Abbildung (1) dargestellt:

---

[1] Soeteman 1956, S. 102
[2] Soeteman 1956, S. 103
[3] Vgl. Van Haeringen 1956, S. 31

Objekte der funktionalen kontrastiven Syntax   85

(1)   Bereiche intra- und interlingualer kontrastiver Analysen:

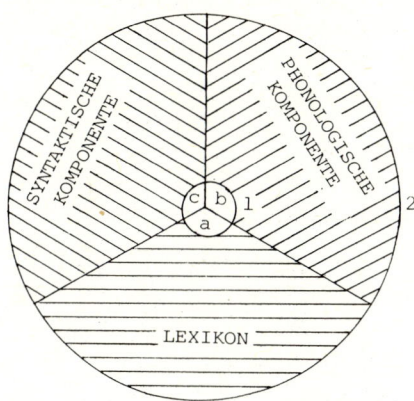 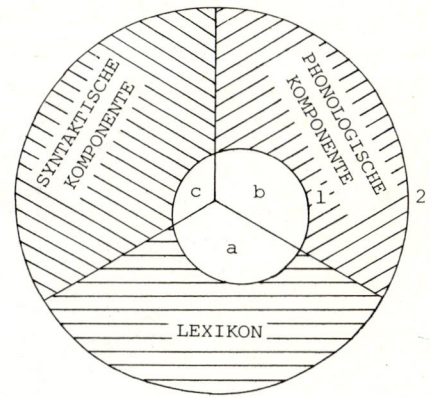

Der innere Kreis (1) stellt die Sondersprache, der äussere Kreis (2) die Umgangssprache dar; (a) und (b) bezeichnen lexikalische bzw. phonologische Unterschiede beider Sprachen; (c) ist der syntaktische Bereich der KG.

Der innere Kreis (1) stellt den Dialekt, der äussere Kreis (2) die Umgangssprache dar; (a) und (b) bezeichnen lexikalische bzw. phonologische Unterschiede beider Sprachen; (c) ist der syntaktische Bereich der KG.

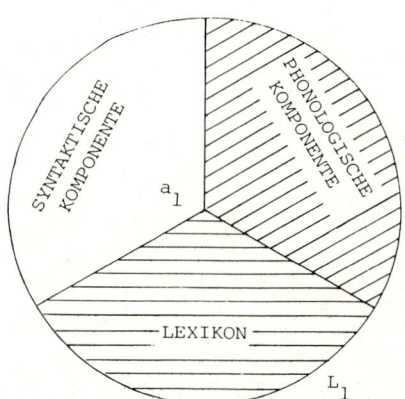 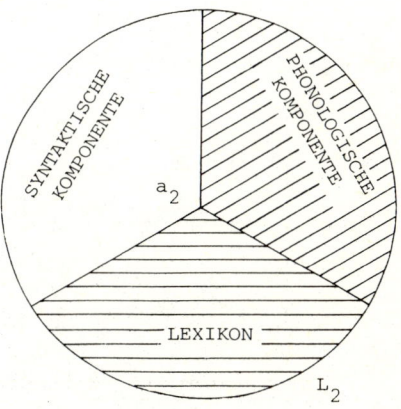

Die Kreise (L_1) und (L_2) bezeichnen zwei verschiedene Sprachen; (a_1) und (a_2) stellen den syntaktischen Bereich der KG beim Vergleich beider Sprachen dar.

(2)

	Dialekt L2	Sonder-spr. L2	Umgangs-spr. L2	Schrift-spr. L2	Dialekt L1	Sonder-spr. L1	Umgangs-spr. L1	Schrift-spr. L1
Schrift-sprache L1	inter	inter	inter	inter	intra	intra	intra	
Umgangs-sprache L1	inter	inter	inter	inter	intra	intra		intra
Sonder-sprache L1	inter	inter	inter	inter	intra		intra	intra
Dialekt L1	inter	inter	inter	inter		intra	intra	intra
Schrift-sprache L2	intra	intra	intra		inter	inter	inter	inter
Umgangs-sprache L2	intra	intra		intra	inter	inter	inter	inter
Sonder-sprache L2	intra		intra	intra	inter	inter	inter	inter
Dialekt L2		intra	intra	intra	inter	inter	inter	inter

Wenn man innerhalb einer Sprache L_1 und innerhalb einer Sprache L_2 jeweils eine Schriftsprache, eine Umgangssprache, eine Sondersprache und einen Dialekt unterscheidet, so ergeben sich 56 Vergleichsobjekte (vgl. Schema 2), die entweder als interlingual oder als intralingual bezeichnet werden können.

Mit jeder weiteren Kategorie, die in einer Sprache unterschieden wird (z.B. zweiter Dialekt, zweite Sondersprache), steigert sich die Zahl der Vergleichsgegenstände um ein Mehrfaches.

Die Wahl eines dieser Vergleichsgegenstände als Objekt einer kontrastiven Analyse steht dem Untersucher frei. Sie wird bedingt von den Zielen, welche er verfolgt. So werden einige intralinguale Vergleichsgegenstände (z.B. Umgangssprache L_1 - Sondersprache L_1) für die Soziolinguistik relevant sein, während bestimmte interlinguale Vergleichsgegenstände (z.B. Umgangssprache L_1 - Umgangssprache L_2) für die allgemeine Sprachwissenschaft von Bedeutung sind.

Sowohl für intra- als auch interlinguale kontrastive Analysen git, dass eine Vergleichsbasis vorausgesetzt wird. Im nächsten Abschnitt werden einige Aspekte der Vergleichsbasis oder des "tertium comparationis" besprochen.

5.2. Die Problematik des tertium comparationis

Ein Vergleich zweier Objekte setzt eine Vergleichsbasis voraus. Ueberlickt man Schema (2), so ist diese Basis in erster Linie deshalb gegeben, weil es sich bei allen Vergleichsgegenständen um natürliche Sprache handelt. Mit dieser Feststellung ist aber das Problem der Komparabilität noch nicht gelöst, denn es ist unklar, auf Grund welcher Kriterien sprachliche Erscheinungen einander gegenübergestellt werden sollen.

Es bestehen verschiedene Ansichten über das tertium comparationis (im Folgenden als "tc" abgekürzt). James 1972 erwähnt in dieser Beziehung zwei Auffassungen: (i) Das Kriterium der Uebersetzungsäquivalenz, vorgeschlagen von u.a.

Halliday, McIntosch und Strevens 1964, und (ii) "Form und
Stellung der Regeln in einer Grammatik" als tc (vgl. Klima
1962, Stockwell und Bowen 1965, Hamp 1968). Eine Kombination
dieser zwei Vorschläge, (iii), ist bei Krzeszowski 1972 zu
finden. Filipović 1974 geht von einer Struktur in L_1 aus;
daraufhin sucht er eine "formal-semantisch korrespondierende"
Struktur in L_2 (iv) und kontrastiert die zwei Strukturen auf
gleichen oder verschiedenen Ebenen. Andere ordnen das Statut der Gleichheit nur den Sätzen zu, die in beiden Sprachen den "gleichen semantischen input" (v) haben (vgl.
Krzeszowski 1976). Weiter wurde "Inhaltsäquivalenz" (vi)
als tc genannt (vgl. Raabe 1972). Eine andere Möglichkeit
erwähnt Bolinger 1972 (vii): die Aehnlichkeit der Menschen
auf der ganzen Welt ist so gross, dass die grundlegenden
Ideen in jeder Sprache formal anwesend sind.

Dem letzten Vorschlag, Universalien als tc zu wählen,
begegnet man auch bei Di Pietro 1972. Solche Universalien
würden sich auf elementar menschliche Bedürfnisse stützen:
"Zu den sprachlichen Universalien, die auf logischen Prämissen begründet sind, würde ich solche hinzufügen, die aus
elementaren menschlichen Bedürfnissen erwachsen, wie die
Befriedigung biologischer Triebe (Hunger, Durst, Sexualität, Defäkation usw.)."[1] Es ist aber zu bedenken, dass sich
die Linguistik vor allem auf "formelle" Universalien konzentriert hat, d.h. Universalien auf dem Gebiet der Regelsysteme. Die "materiellen" Universalien, die Di Pietro und
Bolinger wahrscheinlich meinen, stellen abstraktere Kategorien dar, welche bis jetzt nicht eindeutig beschrieben wurden (vgl. auch McCawley 1970). Es wäre deswegen im jetzigen
Stand der Forschung voreilig, sie als tc für eine KG zu
wählen.

Auch die "Inhaltsäquivalenz" als tc ist problematisch.
Coseriu hält es für notwendig, "eine gewisse ideelle Iden-

---

[1] Di Pietro 1972, S. 145

tität der Denkinhalte" vorauszusetzen[1]; er beruft sich dabei auf die "Redebedeutung der Sätze". Wie er selbst bemerkt, hat aber die Sprachwissenschaft das Problem der trennbaren bzw. nicht-trennbaren Denkinhalte ungenügend untersucht.

Die Vorschläge (iii) und (iv), nämlich "formal-semantisch korrespondierende Strukturen" oder "einen gleichen semantischen input" als tc vorauszusetzen, finden ihren Ursprung in der generativen Semantik der TG. Abgesehen von den prinzipiellen Einwänden gegen eine KG der TG (vgl. Abschnitt 3.4.), scheint ein "semantischer input" als tc vor allem deshalb problematisch, weil eine Beschreibungsweise für die semantische Ebene fehlt (vgl. u.a. Oksaar 1972). Auch Nickel 1974 hält es für höchst problematisch, eine "functional-semantic" Aequivalenz für die KG zu postulieren[2]. Leech 1976 zeigt in seinen Analysen zwar, dass es sinnvoll wäre, eine semantische Tiefenstruktur in der Beschreibung einer Sprache anzunehmen. Mit Hilfe der semantischen Tiefenstruktur wäre es sodann möglich zu erklären, warum gewisse Komplexe in einer Sprache nicht arbiträr sind, sondern integrale Bestandteile der Kodierungseigenschaften auf verschiedenen Ebenen der Sprache darstellen (vgl. Leech 1976 Kapitel 12). Dennoch bleibt die Hypothese einer semantischen Tiefenstruktur spekulativ: "All these arguments in favour of deep semantics are informal, and establish no more than a basis for looking with some degree of seriousness at what must remain a speculative hypothesis."[3]

Das zweite Kriterium "Form und Stellung der Regeln in einer Grammatik" gehört ebenfalls zur TG und zwar zur interpretativen Semantik (vgl. S.34). König und Nickel 1970 versuchen, "(...) sprachliche Unterschiede so weit wie möglich

---

1 Coseriu 1972, S. 40

2 Nickel 1974, S. 5

3 Leech 1976, S. 289

als Unterschiede zwischen Regelsystemen und Regeldomänen zu beschreiben."[1] Di Pietro 1972 nimmt die Universalität der Prädikation an; Wyatt 1974 geht davon aus, dass die Regeln der zu vergleichenden Sprachen einen gemeinsamen Kern ("common core") besitzen. Die KG, die sich dieses tc wählt, postuliert eine gemeinsame Tiefenstruktur für die Sätze der Sprachen L_1 und L_2. Grundlegend für diesen Ausgangspunkt ist Fillmores vielzitierte Ansicht: "The most straightforward deep-structure commonalities between languages are to be sought at this 'deepest' level."[2] Die interpretativen Semantiker leiten hieraus für die KG eine gemeinsame Tiefenstruktur für solche Sätze ab, die jeweils als "gleichbedeutend" interpretiert werden (vgl. Coseriu 1972). Krzeszowski nahm 1971 ebenfalls an, dass äquivalente Konstruktionen identische Tiefenstrukturen besitzen, auch wenn sie sich in der Oberfläche voneinander unterscheiden[3]. Aequivalent waren nach seiner Auffassung jene Konstruktionen, die, wenigstens in einigen Fällen, gegenseitig übersetzbar sind. In der Tiefenstruktur wurden die fundamentalen grammatikalischen Beziehungen und Kategorien definiert. Gegen diese Auffassung sprechen jedoch einige Argumente. Wenn man z.B. Ausdrucksweisen wie <u>mit dem Messer</u>, <u>unter Benützung eines Messers</u>, <u>dafür benütze ich ein Messer</u> jeweils als "gleichbedeutend" interpretiert, werden Paraphrasen innerhalb L_1 und Uebersetzungen dieser Ausdrucksweisen in L_2 gerechtfertigt, gleichzeitig aber deren Funktionen (z.B. die funktionelle Einheit <u>mit x</u> im Deutschen) einzelsprachig ignoriert (vgl. Coseriu 1972). Ausserdem lässt das Paraphrasieren Willkür zu (vgl. S. 36). Auf ein zweites Problem dieses tc's wird von Bouton 1976 hingewiesen. Die interpretativen Semantiker nehmen an, dass alle Information aus den Oberflächenstrukturen der zu vergleichenden Sätze die Information

---

[1] König, Nickel 1970, S. 72
[2] Fillmore 1968, S. 51, 52
[3] Vgl. Krzeszowski 1974, S. 38

der gemeinsamen Tiefenstruktur repräsentiert. Wenn nun als tc die gemeinsame Tiefenstruktur zweier Sätze gewählt wird, so müsste die Tiefenstruktur etwa die vollständige Information über die Zeit des Verbs der zu vergleichenden Sätze enthalten. An Hand von englisch-polnischen Beispielen zeigt Bouton jedoch, dass der Zeitaspekt in bestimmten polnischen Sätzen mehr Information enthält als der Zeitaspekt der englischen Sätze. Aus diesem Grund muss die Annahme zurückgewiesen werden, dass die zu vergleichenden Sätze eine gemeinsame Tiefenstruktur besitzen.

Englisch-finnische Beispiele zeigen, dass bestimmte englische aktive und passive Sätze jeweils nur von einem (aktiven) Satz ins Finnische übersetzt werden können[1]. Die Aequivalenz zwischen den zwei englischen Sätzen und ihrer finnischen Uebersetzung kann nicht von einer gemeinsamen Tiefenstruktur abgeleitet werden, wenn die Annahme stimmt, dass die betreffenden englischen aktiven und passiven Sätze unterschiedliche Tiefenstrukturen besitzen. Aehnliche Bedenken führt Bouton gegen Di Pietros Auffassung an, dass der englische Satz The wine was drunk und der französische Satz On a bu le vin eine gemeinsame Tiefenstruktur haben[2].

Im übrigen lässt Bouton 1976 Coserius Kritik an dem von Krzeszowski 1971 vorgeschlagenen tc ausser acht. Ebenso wenig erwähnt Bouton, dass 1972 Krzeszowski seine Auffassung über das tc wesentlich revidierte. Die gemeinsame Tiefenstruktur ersetzt er dann durch eine gemeinsame "Eingabestruktur". Aequivalente Konstruktionen zweier Sprachen würden nach dieser Auffassung identische semantische Strukturen besitzen. Mit diesem tc hat Krzeszowski 1972 offenbar den Standpunkt der generativen Semantik eingenommen: "(...) die Eingabe bestünde aus semantischen Repräsentationen von Sätzen, generiert von der universalen semantischen Komponente,

---

[1] Bouton 1976, S. 154f
[2] Bouton 1976, S. 159

die Ausgabe aus wohlgeformten Sätzen, die eine bestimmte
Sprache charakterisieren."[1] Oben wurde bereits auf die Probleme dieses tc hingewiesen.

Von vielen, z.B. Wandruszka 1970, Spalatin 1974, Ivir 1974a,
wird die Uebersetzungsäquivalenz als mögliches tc erwähnt.
Bei Wandruszka 1970 heisst es, dass der Beobachtungsgegenstand der KG die "unerschöpfliche Fülle der Uebersetzungen"
ist[2]. Im Rahmen der KG wird "Uebersetzungsäquivalenz" unterschiedlich interpretiert. Bouton 1976 zählt diesbezüglich
drei Auffassungen auf: (i) Für jeden Satz in L_1 kann eine
Uebersetzung in L_2 gefunden werden, die als Basis einer
kontrastiven Analyse dient (Harris 1954); (ii) alle Varianten und Kategorien, die eine Uebersetzung in L_2 zulassen,
bilden die Basis einer KG (Levenston 1965); (iii) Uebersetzungsäquivalente sind jene Sprachelemente, welche in einer
gegebenen Situation auswechselbar sind (vgl. Catford 1965).

Dieses tc ruft sowohl spezifische als auch allgemeine
Probleme hervor. So stellt sich innerhalb der KG die Frage,
auf Grund welcher Kriterien Uebersetzungen selektiert werden. Ueberdies ist es im allgemeinen problematisch, ob
Uebersetzungen theoretisch überhaupt möglich sind.

Zum ersten Problemkomplex muss bemerkt werden, dass Argumente fehlen, um wie Harris 1954 anzunehmen, dass für einen
beliebigen Satz von L_1 nur eine Uebersetzung in L_2 gegeben
werden kann. Geht man hingegen davon aus, dass mehrere Uebersetzungen möglich sind, so fragt sich, ob die unterschiedlichen Uebersetzungen alle zum tc gehören oder ob eine bestimmte Uebersetzung auszuwählen ist. Im letzteren Fall ist
unklar, wie ein Selektionsverfahren aussieht. Verlässt man
sich auf einen Informanten (vgl. Whitman 1970), so gelten
die gleichen Probleme. Wenn "formelle" Kriterien abgelehnt
werden und wenn die Aequivalenz auf Grund von extra-lingu-

---

1 Krzeszowski 1972, S. 79

2 Wandruszka 1970, S. 68

istischen Faktoren bestimmt wird (vgl. Catford 1965), so geschieht dies nach Bouton[1] auf Kosten der "formalen" Aequivalenz. In diesem Zusammenhang betont er, dass man sowohl den "Sprachformen" als auch ihren "Funktionen" bei der Uebersetzungsäquivalenz Rechnung tragen sollte. Aus diesem Grund warnt er, dass "(...) one can err either by emphasizing form at the expense of textual equivalence or by ignoring formal structure and choosing equivalents on the basis of textual considerations alone." Vage sind in diesem Kommentar von Bouton die Termini "formal structure" und "textual equivalence". Sind damit "grammatikalische Struktur" und "semantische Uebereinstimmung" gemeint? Wenn dies zutrifft, so ist hiermit indirekt eine Grundsatzfrage der Linguistik, nämlich das Verhältnis Syntax - Semantik, angesprochen (vgl. S. 71). Es scheint von Vorteil zu sein, solche Probleme bereits beim Beschreiben der einzelnen Sprachen L_1 und L_2 zu lösen und sie aus der Diskussion über das tc der KG dieser Sprachen auszuklammern.

Der zweite Problemkreis hängt zusammen mit der Frage, ob Uebersetzen möglich ist. Spalatin 1974 weist darauf hin, dass "das meiste", was in einer Sprache L_1 gesagt oder geschrieben wird, in eine Sprache L_2 übersetzt werden kann; es entstehen aber nie hundertprozentige Uebereinstimmungen. Koller 1972 bemerkt in diesem Zusammenhang, dass im allgemeinen mit Eins-zu-viele-Entsprechungen, mit viele-zu-eins-Entsprechungen und mit Teilentsprechungen zu rechnen ist[2]. Krzeszowski 1976 stellt fest, dass ein gegebener Satz in L_1 auf n Weisen zu interpretieren wäre, während die Uebersetzung in L_2 m Interpretationen zulässt. Weiter stellt sich beim Uebersetzungskriterium die Frage nach der stilistischen Aequivalenz. Koller sagt dazu, dass verschiedene Forscher (z.B. Frey 1964, Wandruszka 1967) der Meinung sind,

---

1 Bouton 1976, S. 145f
2 Koller 1972, S. 81

dass, auch wenn Inhalt, Bedeutung und Sinn vielleicht übersetzbar wären, "(...) die Uebersetzung letztlich dennoch immer am Stil, am Rhythmus, an der Melodie eines sprachlichen Kunstwerkes" scheitern muss[1].

Aus den obenstehenden Bemerkungen geht hervor, dass das tc die Grundlage einer kontrastiven Analyse bildet. Weiter wurde festgestellt, dass für die KG verschiedene Vergleichsbasen vorliegen, die zum Teil Mängel aufweisen und zum Teil unklar definiert sind. Im Rahmen einer funktionalen kontrastiven Syntax scheint es jedoch möglich, die Problematik des tc zu lösen. Im nächsten Abschnitt wird ein Versuch unternommen, eindeutige Kriterien für das tc zu formulieren. Weiter wird gezeigt, dass im Prinzip mehrere Vergleichsbasen für eine funktionale kontrastive Syntax zu postulieren sind.

5.3. Das tertium comparationis als theoretisches Postulat

Wenn auch in der Diskussion über das tc verschiedene Vergleichsbasen, die sich mehr oder weniger als Grundlage der KG eignen, vorgeschlagen werden, so schenkt man jedoch im allgemeinen dem theoretischen Fundament des tc ungenügend Aufmerksamkeit. Die funktionale Syntax, und insbesondere einige Thesen des Funktionalismus, scheinen nun die Möglichkeit zu bieten, das tc theoretisch zu untermauern.

Es ist anzunehmen, dass (i) "Koordinationsprobleme" in einer gegebenen Gesellschaft durch Kommunikationsbedürfnisse gelöst werden[2]. Wenn dies zutrifft, wird es sinnvoll, eine Menge Kommunikationssysteme vorauszusetzen (ii), die diese Bedürfnisse befriedigen. Die Sprache als eines dieser Kommunikationssysteme ist so strukturiert, dass (iii) den respektiven Kommunikationsbedürfnissen Rechnung getragen wird[3].

---

[1] Koller 1972, S. 86
[2] Vgl. Kanngiesser 1976, S. 131
[3] Kanngiesser 1976, S. 131

In der Halliday'schen Terminologie heisst dies, dass das
Systemnetz einer natürlichen Sprache ausreicht, um alle
Kommunikationsbedürfnisse zu befriedigen.

Wenn man Annahme (iii) akzeptiert, so gilt, dass (iv)
alles, was durch das Systemnetz einer natürlichen Sprache
L_1 ausgedrückt werden kann, auch durch das Systemnetz einer
natürlichen Sprache L_2 ausgedrückt werden kann[1] oder: Natürliche Sprachen sind grundsätzlich vollständig und sie
sind vollständig ineinander übersetzbar.

Gegen diese Hypothese würde sprechen, dass es offenkundige
Uebersetzungsunmöglichkeiten gibt. Fälle von Nicht-Uebersetzbarkeit können jedoch Hypothese (iv) nicht falsifizieren und zwar, weil es sich bei dieser Hypothese nicht um
aktuelle Ausdrucksadäquatheit oder Uebersetzbarkeit handelt,
sondern um die theoretische Möglichkeit, alles in einer
Sprache auszudrücken[2]. Innerhalb der funktionalen Syntax
kann man Hypothese (iv) somit wie folgt präzisieren: alles,
was man mittels des Sprachsystems in L_1 ausdrücken kann,
kann man mittels des Sprachsystems in L_x ausdrücken.

Die Ursachen von Uebersetzbarkeitsproblemen liegen nicht
in den Sprachsystemen, sondern in den aktuellen Sprachstrukturen von L_1 und L_2. Obschon den Sprachstrukturen einer gegebenen Sprache Grenzen gesetzt sind, bewirkt die Eigenschaft
der immanenten Produktivität, dass die Ausdrucksmöglichkeiten einer natürlichen Sprache sich so ändern, dass die Sprache ausdrucksadäquat ist und bleibt.

Grundlegend für Hypothese (iv) ist folglich die Auffassung, dass jede natürliche Sprache L, wie Kanngiesser ausführt[3], im Rahmen der durch das System der diachronen Universalien gegebenen Innovationsbeschränkungen so ausgebaut
werden kann, dass die Sprache L in jeder Phase ihrer Ent-

---

1 Kanngiesser 1976, S. 133
2 Kanngiesser 1976, S. 133f
3 Kanngiesser 1976, S. 134

wicklung die Kommunikationsbedürfnisse ihrer Sprecher zu erfüllen vermag, wie auch immer diese Kommunikationsbedürfnisse beschaffen sein mögen.

Es wäre falsch, hieraus zu folgern, dass jede Sprache im absoluten Sinn ausdrucksadäquat oder vollständig wäre, denn dies würde bedeuten, dass Sprachunterschiede verwischt würden. Nur im Hinblick auf die Beziehung zwischen Kommunikationsbedürfnissen und Sprachstrukturen ist die Rede von Sprachvollständigkeit. Diese Auffassung gestattet es, Sprachunterschiede "relativ zu unterschiedlichen Kommunikationsbedürfnissen zu thematisieren und zu erklären."[1] Diese Annahme bildet die Grundlage für das tc der funktionalen Syntax.

Auf Grund dieser Ueberlegungen lässt sich nun für das tc folgendes formulieren: Die Vergleichsbasis einer funktionalen Syntax kann man theoretisch postulieren, wenn die Hypothese stimmt, dass das Sprachsystem jeder natürlichen Sprache ausdrucksadäquat ist. Diese Hypothese ist falsifizierbar, auch wenn sie bis jetzt nicht falsifiziert worden ist.

5.4. Die tertia comparationis der funktionalen kontrastiven Syntax

Ist die Möglichkeit des Vergleichens auf Grund der Ausdrucksadäquatheit jeder beliebigen Sprache gegeben, dann muss abgeklärt werden, welche Formen das tc annehmen kann.

Zwei willkürliche Mengen Daten M_1 und M_2 können unter verschiedenen Gesichtspunkten verglichen werden. So kann eine Gruppe Tiere mit einer anderen Gruppe Tiere verglichen werden unter dem Aspekt der Nahrung, des Verhaltens usw. Aus der Ueberprüfung der Untersuchung geht hervor, welche Gesichtspunkte relevant sind.

Für die tc's der KG gilt das Gleiche. Es wird davon ausgegangen, dass zwei Sprachen L_1 und L_2 auf eine einheitliche

---

[1] Kanngiesser 1976, S. 135

Weise beschrieben werden, d.h. dass die linguistischen Daten der beiden zu vergleichenden Sprachen mit Hilfe der funktionalen Syntax ermittelt werden. Da eine funktionale Syntax im Prinzip eine endliche Menge Regeln und Regelschemen kennt (vgl. S. 82), ist die Zahl der Arten von linguistischen Daten beschränkt. Ein syntaktischer Vergleich zweier Mengen sprachlicher Daten impliziert daher eine endliche Zahl Gesichtspunkte: Die Zahl dieser Gesichtspunkte oder tc's steht in direkter Relation zur Zahl der syntaktischen Kategorien, die in einer gegebenen Sprache unterschieden werden.

Wenn die Annahme stimmt, dass die Zahl der tc's einer funktionalen kontrastiven Syntax der Zahl der Unterscheidungen einer funktionalen Syntax und ihrer Kombinationen entspricht, so lassen sich daraus u.a. folgende tc's ableiten:

(a) Gegeben sind die Macro-Funktionen der Sprachen L_1 und L_2; verglichen wird, wie sie in der Sprachstruktur von L_1 und L_2 realisiert werden;

(b) gegeben sind zwei äquivalente Anfangsstrukturen (uls) der Sprachen L_1 und L_2; verglichen wird, wie sie syntaktisch übereinstimmen resp. voneinander abweichen;

(c) gegeben ist eine Menge Anfangssubkategorien der Sprache L_1; verglichen wird, wie sich diese in L_2 realisieren;

(d) gegeben ist eine Menge terminaler Kategorien der Sprache L_1; verglichen wird, wie sich diese in L_2 realisieren;

(e) gegeben ist eine Menge Kategorien in L_1, die weder Anfangssubkategorien noch terminale Kategorien sind; verglichen wird, wie diese sich in L_2 realisieren;

(f) gegeben ist eine Menge struktureller und systeminhärenter Funktionen der Sprache L_1; verglichen wird, wie sie sich in der Sprache L_2 realisieren;

(g) gegeben ist eine Menge Endterme der Sprache L_1; diese wird verglichen mit der Menge Endterme einer Sprache L_2.

Es fällt auf, dass die tc's, wie sie hier formuliert werden, grundsätzlich abweichen von den tc's, besprochen in Abschnitt (5.2.). Dies lässt sich u.a. dadurch erklären, dass erstens keine gemeinsame Tiefenstruktur als tc angenommen wird (vgl. u.a. Di Pietro 1972 oder Krzeszowski 1972) und dass zweitens mehrere distinktive tc's vorausgesetzt werden.

Im nächsten Abschnitt wird versucht, diese theoretischen Ansätze der funktionalen kontrastiven Syntax zu konkretisieren.

5.5. Analyse-Typen der funktionalen kontrastiven Syntax

Bis jetzt wurde dargelegt, dass eine funktionale kontrastive Syntax linguistisch relevant und theoretisch möglich ist. Die unterschiedlichen tc's, die postuliert wurden, bilden die Ansätze mehrerer Typen von funktionalen kontrastiven Teilanalysen.

Die tc's einer funktionalen kontrastiven Syntax können in zwei Gruppen unterteilt werden: (a) Unter dem Vergleichsaspekt zweier äquivalenter Sprachstrukturen kann man die syntaktischen Unterschiede beschreiben; (b) unter dem Vergleichsaspekt gleicher syntaktischer Regeln kann man Strukturen zweier Sprachen vergleichen. Für (a) muss somit vorausgesetzt werden, dass die zu vergleichenden unabhängigen linguistischen Strukturen (uls$_{L_1}$) und (uls$_{L_2}$) äquivalent sind, und für (b), dass zwei Sprachen einheitlich, d.h. im Rahmen der funktionalen Syntax, beschrieben werden.

Das vierte Kapitel dieser Arbeit dürfte klar gemacht haben, wie letztere Bedingung erfüllt werden kann. Schwieriger scheint es zu sein, die erste Bedingung zu erfüllen, weil die Aequivalenz zweier Sätze nicht eindeutig bestimmt werden kann (vgl. Abschnitt 5.2.). Da eine funktionale Syntax aber unabhängige linguistische Strukturen beschreibt, ist das Problem der Aequivalenz im Prinzip ebenfalls lösbar. Wenn die oben formulierte Hypothese stimmt, dass jede Sprache ausdrucksadäquat ist, so ist prinzipiell die Aequivalenz von zwei unabhängigen linguistischen Strukturen gegeben. Es muss jedoch eine Einschränkung hinzugefügt werden. Wie oben gezeigt wurde, handelt es sich nicht um eine absolute, sondern um eine relative Ausdrucksadäquatheit. Das bedeutet, dass die Aequivalenz von unabhängigen linguistischen Strukturen zweier Sprachen nicht absolut, sondern approximativ ist.

Die Frage, ob man in einer syntaktischen Analyse mit einer Approximation arbeiten darf, kann eindeutig positiv beantwortet werden. Wie Ballmer 1976 ausführt, ist die Approximation in z.B. physikalischen Untersuchungen empirisch relevant. So fasst man z.B. "ideale Gase" als Approximation für "reale Gase" auf. Aus der Beschreibung der "idealen Gase" (das "ideale Gas" gilt als erste Approximation für "reale Gase") entwickelte man die Beschreibung "realer Gase"[1]. Angewandt auf die KG muss man schliessen, dass die approximative Aequivalenz von unabhängigen linguistischen Strukturen zweier Sprachen auf die gleiche Weise dem Ziel der kontrastiven Syntax dient, nämlich syntaktisch relevante Uebereinstimmungen und Unterschiede festzustellen.

Die unterschiedlichen Teilanalysen der funktionalen kontrastiven Syntax können nun, auf Grund der oben entwickelten tc's, näher umschrieben werden. Sie werden römisch numeriert.

(I) Die kontrastive Teilanalyse (I) basiert auf dem tc (a): Die Macro-Funktionen der Sprachen L_1 und L_2 sind gegeben; verglichen wird, wie sie in der Sprachstruktur von L_1 und L_2 realisiert werden.

Wie aus Schema (20) auf S. 56 hervorgeht, wird die Macro-Funktion INTERPERSONAL in der Anfangssubkategorie realisiert; es handelt sich bei dieser Funktion somit um den Modus des

---

1 Ballmer 1976, S. 26, 27

Satzes. Der Modus eines Satzes ist entweder indikativ oder imperativ, er ist positiv oder negativ, er ist modal oder nicht-modal und er ist deklarativ oder interrogativ, wobei eine Einschränkung gilt: wenn er imperativ ist, kann er nicht interrogativ sein. Die Modi werden jeweils definiert und erklärt durch die funktionalen Analysen der Sätze. Die Beispiele (1) - (9) erläutern dieses Prinzip.

(1) Werk!   (Niederländisch)
(2) Arbeite!   (Deutsch)
(3) Arbeitet! (Deutsch)

Eine gegebene Anfangskategorie der Sprache L_1 (uls_{L_1}) wird als (s) subkategorisiert; die Subkategorie (s) wird als ($s_{imperativ}$) subkategorisiert. Diese Subkategorie wird nun weiter nach unten in der Analyse u.a. dadurch definiert, dass nur die Funktion (PRAEDIKAT) auftritt, während andere Funktionen fehlen; weiter wird sie definiert in der Subkategorisierung der (vp). Die Subkategorien äquivalenter Anfangskategorien der Sprache L_2 werden auf gleiche Weise analysiert. Auf jeder Ebene werden die Unterschiede der drei Analysen festgestellt. Für die Beispiele (1), (2) und (3) würde gelten, dass das Niederländische in der Umgangssprache nur eine Imperativform kennt, während das Deutsche im Imperativ zwischen singularis und pluralis unterscheidet[1].

(4) Hij eet niet.
(5) Il ne mange pas.

Eine gegebene Anfangskategorie der Sprache L_1 (uls_{L_1}) wird als (s) subkategorisiert; diese Subkategorie (s) wird als ($s_{negativ}$) subkategorisiert; letztere Subkategorie wird weiter nach unten in der Analyse u.a. dadurch definiert, dass die Funktion (ADVERBIALBESTIMMUNG) auftritt, die weiter

---

[1] Zwar kennt die traditionelle niederländische "schrijftaal" eine Pluralform des Imperativs, in der gesprochenen Sprache ist sie jedoch selten.

nach unten als (negativ) subkategorisiert wird. Auf gleiche Weise wird die Subkategorie (s) einer äquivalenten Anfangskategorie der Sprache L_2 (uls_{L_2}) analysiert. Für (4) und (5) gilt, dass auf der Ebene der Subkategorisierung sich Unterschiede zwischen den Analysen von (uls_{L_1}) und (uls_{L_2}) zeigen.

(6) Hij zou komen.
(7) Er käme.

Eine gegebene Anfangskategorie der Sprache L_1 (uls_{L_1}) wird als (s) subkategorisiert; diese Subkategorie (s) wird als (s_{modal}) subkategorisiert. Letztere Subkategorie wird weiter nach unten in der Analyse u.a. dadurch definiert, dass die Funktion (PRAEDIKAT) als eine (vp) subkategorisiert wird, die aus (v) und (aux_{modal}) besteht. Aehnlich wird eine Subkategorie (s) einer äquivalenten Anfangskategorie der Sprache L_2 (uls_{L_2}) analysiert. Bei der Subkategorisierung der Funktion (PRAEDIKAT) wird sich eine Abweichung in der Analyse von (7) zeigen im Vergleich zu (6).

(8) Hoor je hem?
(9) Do you hear him?

Eine gegebene Anfangskategorie der Sprache L_1 (uls_{L_1}) wird als (s) subkategorisiert. Diese Subkategorie (s) wird als $(s_{interrogativ})$ subkategorisiert. Letztere Subkategorie wird in der weiteren Analyse begründet, indem die Funktion (SUBJEKT) nach der Funktion (PRAEDIKAT) auftritt. Die funktionale Analyse der Subkategorie (s) einer äquivalenten Anfangskategorie der Sprache L_2 (uls_{L_2}) begründet die Subkategorie $(s_{interrogativ})$ in der weiteren Analyse: die Funktion (SUBJEKT) tritt vor der Funktion (PRAEDIKAT) auf; die Funktion (PRAEDIKAT) wird subkategorisiert als (aux) und (v). Die Unterschiede zwischen den beiden Analysen für (8) und (9) stellen eine Teilanalyse der funktionalen kontrastiven Syntax dar.

Die zweite Macro-Funktion (TEXTUAL) sorgt dafür, dass zusammenhängende Diskursabschnitte entstehen. Sie wird auf wenigstens zwei Arten[1] realisiert, nämlich als (THEMA) und (RHEMA) und als (GEGEBEN) und (NEU).

Vergleicht man zwei Sprachen unter dem Aspekt der textuellen Funktionen, so sind Beschreibungen des Satzakzents, des Fokusakzents usw. vorauszusetzen. Auf Grund solcher Beschreibungen können die textuellen Funktionen kontrastiv analysiert werden (die betonten Satzteile sind jeweils unterstrichen):

(10) We're going to the movies at <u>seven o'clock</u>.
(11) Wir gehen um sieben ins <u>Kino</u>.[2]

Für (10) gilt somit, dass die TEMPORALBESTIMMUNG als RHEMA und NEU realisiert wird, während in (11) die LOKALBESTIMMUNG RHEMA und NEU ist.

(12) Where do you <u>come</u> from?
(13) Wo kommen sie <u>her</u>?

In (12) ist der KOPF des Prädikats (RHEMA) und (NEU), während in (13) dies für den MODIFIKATOR des Prädikats gilt.

Im allgemeinen sind in dieser Beziehung jedoch weder zwischen dem Englischen und dem Deutschen noch zwischem dem Deutschen und dem Niederländischen grosse Unterschiede zu erwarten. Moulton bemerkt dazu: "Since both languages (Deutsch und Englisch - J.S.) handle syntactical stress in such neutral sentences in the same way, there are generally no conflicts in structure between them."[3], und Van Dam sagt in dieser Beziehung: "Auch der dynamische Satzakzent gibt nicht zu ausführlicher vergleichender Darstellung Veranlassung; auch er befolgt im Niederländischen und im Deutschen im allgemeinen dieselben Regeln."[4]

---

[1] In früheren Veröffentlichungen unterschied Halliday weiter noch die Funktionen "known" und "unknown"; vgl. Halliday 1976, S. 182f

[2] Moulton 1974 bemerkt zu diesen Sätzen, dass entweder (i) die gleichen Stellen im Satz syntaktisch betont werden, oder (ii) die korrespondierenden Wörter werden syntaktisch betont, aber nicht die gleichen Stellen (S. 117)

[3] Moulton 1974, S. 117

[4] Van Dam 1937, S. 111

Die dritte Macro-Funktion, IDEATIONAL, betrifft die "Transitivität" der Sprache. Mit diesem Ausdruck werden der "Prozess" und die an ihm beteiligten Funktionen innerhalb der Anfangskategorie (s) bezeichnet[1].

(14)   De deur is gesloten.
(15)   Die Tür ist geschlossen worden.

Die Anfangssubkategorie (14) ist Non-Medium und passiv; sie enthält die Funktion PATIENS, während AGENS fehlt. Das Gleiche gilt für (15).

(16)   De deur ist gesloten.
(17)   Die Tür ist geschlossen.

Die Anfangssubkategorien (16) und (17) sind Nicht-Medium und aktiv; sie enthalten nur die implizierte Funktion AGENS.

Für eine niederländische Anfangssubkategorie wie <u>De deur is gesloten</u> sind somit zwei Analysen möglich; für jede dieser Analysen gibt es nur eine deutsche äquivalente Anfangssubkategorie mit einer entsprechenden Analyse.

Auch die Unterschiede zwischen den Anfangssubkategorien (18) und (19), die von Di Pietro unbefriedigend[2] mit Hilfe der TGG verglichen werden, können nun beschrieben werden. Es wird angenommen, dass (18) und (19) in zwei äquivalenten unabhängigen linguistischen Strukturen des Englischen und des Französischen auftreten:

(18)   The wine was drunk.
(19)   On a bu le vin.

Für (18) gilt, dass diese Anfangssubkategorie Non-Medium und passiv ist; das SUBJEKT ist PATIENS, während die Funktion AGENS fehlt. Auch (19) ist Non-Medium, aber aktiv; das SUBJEKT ist AGENS und das DIREKTE OBJEKT ist PATIENS.

Kontrastive Analysen niederländischer und deutscher Anfangssubkategorien werden zeigen, dass in beiden Sprachen

---

1 Halliday 1975, S. 133
2 Vgl. Bouton 1976, S. 159f

die Funktionen PROCESSOR und PHENOMENON ähnlich realisiert werden:

(20) Dat cadeau verheugde haar.
(21) Das Geschenk freute sie.
(22) Sie freute sich über das Geschenk.
(23) Zij verheugde zich over het cadeau.

Sowohl in (20) als auch in (21) wird das PHENOMENON als SUBJEKT realisiert; sowohl in (22) als auch in (23) ist der PROCESSOR das SUBJEKT.

In den Sätzen (24) und (25) haben die SUBJEKTE die Funktion PROCESSOR:

(24) Ze hield van appels.
(25) She liked apples.

Sie unterscheiden sich jedoch bezüglich des PHENOMENON: in (25) wird diese Funktion als DIREKTES OBJEKT realisiert, in (24) nicht. Im Englischen ist (27) möglich, (26) aber nicht im Niederländischen:

(26) *Appels werden door haar gehouden van.
(27) Apples were liked by her.

Dass (26) im Niederländischen ungrammatikalisch ist, wird dadurch erklärt, dass <u>houden van</u> nur in medialen Sätzen vorkommt; to like kann aber in nicht-medialen Sätzen verwendet werden.

Die Beispiele (41) - (44) im vierten Kapitel zeigen, dass Relationssätze im Niederländischen und im Deutschen ähnlich organisiert sind. Unterschiede zwischen niederländischen und deutschen Relationssätzen sind jedoch in den Subkategorisierungen der strukturellen Funktionen festzustellen; in (28) und (30) haben die Prädikatsnomina eine Objektform, in (29) und (31) eine Subjektform:

(28) Ik ben niet mijzelf.
(29) Ich bin nicht ich selbst.
(30) Dat is hem.
(31) Das ist er.

(II) Die kontrastive Teilanalyse (II) basiert auf dem tc
(b): gegeben sind zwei äquivalente Anfangsstrukturen (uls)
der Sprachen L_1 und L_2; verglichen wird, wie sie syntaktisch übereinstimmen bzw. voneinander abweichen.

Teilanalyse (II) hat einen grundsätzlich anderen theoretischen Wert als Teilanalyse (I). Wenn die Annahme stimmt, dass die Linguistik eine empirische Wissenschaft ist oder die Tendenz hat, immer empirischer zu werden[1], so beteiligt sie sich an einem empirischen Zyklus (vgl. De Groot 1968, Kapitel 1;4).

Auch für die kontrastive Syntax würden die fünf Phasen dieses Zyklus Geltung haben: (i) Sprachliche Fakten zweier Sprachen werden beobachtet; (ii) auf Grund dieser Fakten werden Hypothesen der kontrastiven Syntax formuliert; (iii) aus diesen Hypothesen werden überprüfbare Voraussagen verifiziert, evtl. falsifiziert; (v) die Ergebnisse werden evaluiert und bilden das Material der ersten Phase eines neuen Zyklus.

Die zweite Teilanalyse scheint vor allem für die vierte Phase einer empirischen kontrastiven Syntax relevant zu sein. Sie ermöglicht die Ueberprüfung von Hypothesen der funktionalen kontrastiven Syntax. Werden z.B. die Modussysteme zweier Sprachen kontrastiv beschrieben, so sind die Voraussagen bezüglich dieser Systeme mit Hilfe der kontrastiven Teilanalyse (II) überprüfbar. Für eine wissenschaftlich orientierte kontrastive Syntax ist diese Teilanalyse somit unentberhlich.

(III) Das tc (c) bildet den Ausgangspunkt der Teilanalyse
(III): gegeben ist eine Menge Anfangssubkategorien der Sprache L_1; verglichen wird, wie sich diese in L_2 realisieren.

Von einer unabhängigen linguistischen Struktur der Sprache L_1 werden die Anfangssubkategorien (s) abgeleitet. Sie werden definiert durch die weitere funktionale Analyse nach

---

[1] Vgl. Ballmer 1976, S. 7

unten. Auf gleiche Weise werden die Anfangssubkategorien einer äquivalenten unabhängigen linguistischen Struktur der Sprache L_2 selektiert und definiert. Die kontrastive Teilanalyse (III) ermöglicht einen Vergleich dieser Subkategorisierungen.

Wenn man genügend Material funktional analysiert hat, wird es sich zeigen, dass jede Sprache typische Grundformen für den Satz kennt. Im allgemeinen ähneln die niederländischen Grundformen den deutschen. Beide Sprachen kennen die gerade und die invertierte Wortfolge in deklarativen Sätzen.

Die invertierte Wortfolge kommt u.a. vor, wenn die Funktion NEU am Anfang statt am Ende des Satzes auftritt:

(32) Een huis heeft hij gekocht.
(33) Ein Haus hat er gekauft.

Weiter können beiordnende Konjunktionen und bestimmte Partikel in beiden Sprachen Inversion verursachen:

(34) Nu eens is zij vrolijk, dan huilt ze weer.
(35) Bald ist sie fröhlich, bald weint sie.

Auch nach bestimmten Nebensätzen kommt im Niederländischen und im Deutschen Inversion vor:

(36) Als je zin hebt, gaan we uit.
(37) Wenn du Lust hast, gehen wir aus.

Van Dam 1972[1] erwähnt einige Fälle, wo deutsche deklarative Sätze das Verbum finitum in Anfangsstellung haben; unter bestimmten Umständen ist diese Wortfolge in äquivalenten niederländischen Sätzen unmöglich:

in "volkstümlicher Poesie":
(38) Een jongen zag ...
(39) Sah ein Knab' ...

---

1 Van Dam 1972, S. 99

in "volkstümlicher, lebhafter Rede":
- (40) Weet ik wel.
- (41) Weiss schon.

aber:
- (42) Ik geloof van wel.
- (43) Glaub's.
- (44) Dat kan wel.
- (45) Mag sein.
- (46) Wat is dat (toch) mooi.
- (47) Ist das aber schön.

in "begründenden Hauptsätzen mit doch":
- (48) De tuinman weet toch ...
- (49) Weiss doch der Gärtner ...

in "Zwischen- und Nachsatz":
- (50) Wat mooi is dat, zei hij.
- (51) Wie schön ist das, sagte er.

wenn es die Funktion SUBJEKT ankündigt:
- (52) Er komen mensen.
- (53) Es kommen Leute.

Auch als Stilmittel in einem Gedicht kennt das Niederländische die Endstellung des flektierten Verbs nicht[1]:
- (54) Een leeuw schrijdt met bedachtzame stappen naar binnen.
- (55) Hinein mit bedächtigem Schritt ein Löwe tritt.

Wohl stimmt die Wortfolge des Niederländischen und des Deutschen überein bei "Attraktion in Proportionalsätzen"[2]:
- (56) Hoe ouder hij wordt, hoe dommer hij praat.
- (57) Je älter er wird, je dümmer er redet.

Sowohl für deutsche als auch für niederländische Interrogativsätze gilt, dass die Funktion THEMA als Verbum finitum am Anfang des Satzes realisiert werden kann:

---

1 Van Dam 1972, S. 100
2 Van Dam 1972, S. 100

(58) Gaan jullie vanavond naar de film?
(59) Geht ihr heute abend ins Kino?

Die gerade Wortfolge kommt in Interrogativsätzen beider Sprachen vor, wenn das RHEMA markiert ist:
(60) Jullie gaan vanavond naar de <u>film</u>?
(61) Ihr geht heute abend ins <u>Kino</u>?

In Ausrufungssätzen unterscheiden sich das Niederländische und das Deutsche voneinander:
(62) Wat loopt die atleet snel.
(63) Wie schnell der Athlet läuft.

In (62) wird die markierte Funktion RHEMA als NEU nach dem SUBJEKT realisiert, in (63) geht sie hingegen dem SUBJEKT voran. Aehnliches ist für (64) und (65) festzustellen:
(64) Wat is hij bleek.
(65) Wie blass er ist.

Hingegen stimmt die Wortfolge von niederländischen und deutschen Imperativ- und Konjunktivsätzen im allgemeinen überein.
   Auf Grund von Beobachtungen, wie sie in diesem Abschnitt gezeigt werden, kann die Teilanalyse (III) generalisierende kontrastive Regeln für Indikativ-, Imperativ-, Modal-, Deklarativ- und Interrogativsätze sowie für positive oder negative Sätze zweier Sprachen formulieren.

(IV) Die vierte Teilanalyse hat das tc (d) als Grundlage: Gegeben ist eine Menge terminaler Kategorien der Sprache L_1; verglichen wird, wie sich diese in L_2 realisieren.
   Die terminalen Kategorien werden selektiert und definiert durch die funktionale Analyse zweier unabhängiger linguistischer Strukturen der Sprachen L_1 und L_2, die äquivalent sind. Die distinktiven Merkmale der terminalen Kategorien, die jeweils als Index vor der linken Klammer aufgeführt sind (vgl. S. 79), können paradigmatisch verglichen werden.
   Eine solche Teilanalyse von niederländischen und deutschen terminalen Kategorien wird z.B. systematische Unterschiede bei den Substantiven bezüglich u.a. Kasus und Genus enthalten.

Andererseits bietet diese Teilanalyse die Gelegenheit, zu untersuchen, in welcher Hinsicht unterschiedliche terminale Kategorien in den zu vergleichenden unabhängigen linguistischen Strukturen realisiert werden. Einige Beispiele reichen hier aus, um dies zu erläutern:

(66) Het kleine meisje loopt te snel; ze valt.
(67) Das kleine Mädchen geht zu schnell; es stürzt.

Für die Unterschiede zwischen (66) und (67) kann die Teilanalyse (IV) generalisierende Regeln formulieren wie z.B.: Wenn das Bezugswort ein menschliches Wesen ist, dessen Name nicht genannt wird, so richtet sich die Pronominalbezeichnung im Niederländischen nach dem natürlichen Geschlecht, im Deutschen jedoch nach dem grammatikalischen Genus.

Auch die von Jalink und Van den Toorn erwähnten Beispiele[1] (68) und (69) scheinen systematische Unterschiede zwischen dem Niederländischen und dem Deutschen aufzuweisen:

(68) Hij stak z'n pijp in z'n mond.
(69) Er steckte die Pfeife in den Mund.

Teilanalyse (IV) kann solche Unterschiede umschreiben mit Regeln wie: Im Deutschen wird im Unterschied zum Niederländischen oft die selbstverständliche Zugehörigkeit eines Substantivs zu dem persönlichen Subjekt nicht durch das Possesiv bezeichnet, sondern es wird ein bestimmter Artikel verwendet[2].

Die Sätze (70) - (83) zeigen weitere Beispiele von Unterschieden zwischen den terminalen Kategorien im Niederländischen und im Deutschen bei der Verwendung von Demonstrativa resp. Artikeln:

(70) Die voetballer bevalt me.
(71) Der Fussballspieler gefällt mir.

---

1 Jalink und Van den Toorn 1976, S. 58
2 Van Dam 1963, S. 234f

Die Subkategorisierung vor der Klammer der Demonstrativpronomina enthält u.a. Informationen wie: _der_ spezifiziert die markierte Funktion NEU und bezieht sich auf etwas, das örtlich oder zeitlich entfernt ist; in dieser Hinsicht entspricht _der_ dem niederländischen _die_ (wenn _de_-Klasse oder Plural) oder _dat_ (wenn _het_-Klasse). Bei selbständigem Gebrauch hat das Niederländische _die_ und _dat_, das Deutsche _der_:

(72) Die geloof ik niet.
(73) Dem glaube ich nicht.

Für (74) und (75) gilt:
(74) Die mensen bevallen me niet.
(75) Diese Leute gefallen mir nicht.

Dieser wird im Deutschen ähnlich verwendet wie _der_; letztere terminale Kategorie berücksichtigt aber weniger das Lokale; _dieser_ entspricht daher dem niederländischen _die_ und _dat_ (Entfernung) oder _deze_ und _dit_ (Nähe).

(76) Zie je die huizen?
(77) Siehst du jene Häuser?

Das deutsche _jener_ kann sich beziehen auf etwas Entferntes und entspricht dann _die_ und _dat_ im Niederländischen; weiter wird _jener_ markiert verwendet als Gegensatz zu _dieser_:

(78) Niet deze boom, maar die.
(79) Nicht dieser Baum, sondern jener.

Das Niederländische drückt solche Gegensätze mittels _die_ und _dat_ aus.

Jener kann auf etwas allgemein Bekanntes weisen und entspricht dann _die_ oder _dat_ im Niederländischen:

(80) Het gaat om die maatschappij die ...
(81) Es geht um jene Gesellschaft, die ...

Beim Affekt kann in (83) ein Artikel, in (82) dagegen ein Demonstrativum verwendet werden[1]:

(82) Die stomme meid!
(83) Die dumme Kuh!

---

[1] Aus (70)-(83) geht hervor, dass die Verwendung von Artikeln und Demonstrativa in den beiden Sprachen mittels der KG näher zu überprüfen wäre.

Mit Hilfe von Teilanalyse (IV) werden solche sprachlichen
Fakten in generalisierenden Regeln der kontrastiven Syntax
beschrieben.

(V) Die fünfte Teilanalyse geht aus von tc (e): Gegeben ist
eine Menge Kategorien in L_1, die weder Anfangssubkategorien
noch terminale Kategorien sind; verglichen wird, wie diese
sich in L_2 realisieren.

Diese Teilanalyse ermöglicht wenigstens drei Typen von
Vergleichen. Erstens kann verglichen werden, ob die identischen Funktionen zweier äquivalenter unabhängiger linguistischer Strukturen durch gleiche Kategorien realisiert werden:

(84)   Hij beminde.
(85)   Amabat.

Offenbar gilt für das Niederländische, dass die Funktion
SUBJEKT u.a. in der Kategorie (Personalpronomen) realisiert
wird, während in anderen (z.B. romanischen) Sprachen diese
Funktion in der Subkategorisierung des PRAEDIKATS zum Ausdruck gebracht wird.

Zweitens kann verglichen werden, wie Kategorien die strukturellen Funktionen in den beiden Sprachen erfüllen. Die
Beispiele (86) und (87) dürfen klar machen, dass tc (e) die
Grundlage umfangreicher vergleichender Analysen des Niederländischen und des Deutschen ist:

(86)   Zij schreef aan de grootmoeder van haar vriendin een
       brief.
(87)   Sie schrieb der Grossmutter ihrer Freundin einen Brief.

Sowohl in (86) als auch in (87) wird die Funktion SUBJEKT
als Personalpronomen realisiert; in (86) wird die Funktion
INDIREKTES OBJEKT mittels einer fakultativen Präposition,
eines Artikels und eines Substantives spezifiziert; in (87)
fehlt jedoch die Präposition, der Artikel wird als <u>der</u> subkategorisiert. In (86) wird die Funktion DIREKTES OBJEKT
als nicht weiter subkategorisierter Artikel und als Substantiv realisiert; in (87) hingegen wird diese Funktion in der
Subkategorisierung des Artikels zum Ausdruck gebracht.

Weiter muss in solchen vergleichenden Analysen der Satzordnung Rechnung getragen werden:

(88) Ik heb hem horen roepen.
(89) Ich habe ihn rufen hören.

Für das Deutsche gilt, dass, wenn ein Satz zwei Kategorien (Infinitiv) besitzt, die Kategorie, welche als "Hilfszeitwort" funktioniert, dem anderen Infinitiv folgt (vgl. (89)); im Niederländischen gilt das umgekehrte (vgl. (88)). Anders formuliert: rechts determiniert im Deutschen links; links determiniert im Niederländischen rechts.

Eine ähnliche Regel gilt, wenn ein Satz drei Kategorien (Infinitiv) hat:

(90) Hij zal zeker de auto willen laten spuiten.
(91) Er wird bestimmt das Auto spritzen lassen wollen.

In perfektischen Sätzen steht im Deutschen die nominale Form des Verbs fakultativ vor dem zweiten Partizip; im Niederländischen ist dies unmöglich:

(92) Ze heeft geprobeerd hem over te halen.
(93) Sie hat ihn zu überreden versucht.

Es wird somit durch Teilanalyse (V) ermöglicht zu vergleichen, welche Kategorien in zwei beliebigen Sprachen die strukturellen Funktionen spezifizieren und auf welche Weise dies geschieht.

(VI) Die sechste kontrastive Teilanalyse berücksichtigt tc (f): Gegeben ist eine Menge struktureller und systeminhärenter Funktionen der Sprache L_1; verglichen wird, wie sie sich in der Sprache L_2 realisieren.

Die systeminhärenten Funktionen realisieren die Macro-Funktionen einer Sprache; deshalb wurde bereits in der kontrastiven Teilanalyse (I) gezeigt, wie sie zu vergleichen sind.

Die strukturellen Funktionen bestimmen die nicht-terminalen Kategorien. So können äquivalente unabhängige linguistische Strukturen zweier Sprachen durch Funktionen wie FRAGE und ANTWORT spezifiziert werden. Zwei Anfangssubkategorien lassen sich durch Funktionen wie SUBJEKT, PRAEDIKAT, DIREKTES OBJEKT usw. bestimmen, äquivalente Kategorien wie (vp) durch Funktionen wie MODIFIKATOR und KOPF.

Die Funktionen werden in der funktionalen Syntax durch die weitere Analyse nach unten definiert:

(94) My sister has lived in Amsterdam since 1960.
(95) Meine Schwester lebt seit 1960 in Amsterdam.

Teilanalyse (VI) muss generalisierende Regeln formulieren für die Funktion PRAEDIKAT in (94) und (95): für Sätze wie (94) würde z.B. gelten, dass die Funktion PRAEDIKAT als (aux) und (v) kategorisiert wird, wenn ein Prozess, der in der Vergangenheit angefangen hat, andauert; in (95) wird dies ausgedrückt durch die Kategorisierung (v) der Funktion PRAEDIKAT.

Weiter stellt Teilanalyse (VI) generalisierende Regeln für die Stellung der strukturellen Funktionen in den zu vergleichenden Sprachen auf. Im allgemeinen stimmt die Reihenfolge der strukturellen Funktionen im Niederländischen und im Deutschen bei gerader Reihenfolge überein. Abweichungen können entstehen unter Einfluss der systeminhärenten Funktionen THEMA, NEU usw. (vgl. Teilanalyse I):

(96) Deze auto heeft hij gekocht.
(97) Dieses Auto hat er gekauft.
(98) Gezien hab ik hem niet.
(99) Gesehen habe ich ihn nicht.

Weiter kann beobachtet werden, dass im Deutschen das persönliche DIREKTE OBJEKT vor dem sächlichen DIREKTEN OBJEKT steht, wenn die Anfangssubkategorie (s) zwei Funktionen DIREKTES OBJEKT hat; in solchen Fällen geht im Niederländischen die entsprechende Funktion INDIREKTES OBJEKT der Funktion DIREKTES OBJEKT voran:

(100) De leraar heeft hem algebra geleerd.
(101) Der Lehrer hat ihn Algebra gelehrt.

Im Deutschen kommt das pronominale DIREKTE OBJEKT fakultativ vor dem SUBJEKT; im Niederländischen ist dies unmöglich:

(102) Gisteren zag zijn vriendin hem.
(103) Gestern sah ihn seine Freundin.

Im Deutschen folgt <u>sich</u> als MODIFIKATOR bei gerader Wortfolge, direkt nach der Funktion KOPF; im Niederländischen erscheint die äquivalente Funktion <u>zich</u> nach dem SUBJEKT:

(104) Om tien uur scheert de man zich.
(105) Um zehn Uhr rasiert sich der Mann.

Auf diese Weise kann mittels Teilanalyse (VI) verglichen werden, wie systeminhärente und strukturelle Funktionen zweier Sprachen spezifiziert werden.

(VII) Teilanalyse (VII) hat als Grundlage tc (g): Gegeben ist eine Menge Endterme der Sprache L_1; diese wird verglichen mit der Menge Endterme einer Sprache L_2.

Die funktionale Analyse einer unabhängigen linguistischen Struktur spezifiziert durch u.a. inhärente, strikte und selektionale Subkategorisierungen die relevanten Merkmale der Endkategorien. Das Lexikon enthält die entsprechenden, phonologisch beschriebenen Endterme, die auf gleiche Weise wie die Endkategorien spezifiziert sind.

Teilanalyse (VII) impliziert somit die phonologische kontrastive Beschreibung der Menge Lexemen einer Sprache L_1 und einer Sprache L_2. Es wird angenommen, dass bestimmte Inhaltsentitäten bestimmten Ausdrucksentitäten entsprechen. In einer Matrix können die distinktiven Merkmale der phonologischen Segmente einer Sprache inventarisiert werden. Eine solche Beschreibung einer Sprache L_1 führt zu intrasystemaren phonologischen Regeln.

Auf Grund eines Vergleiches der phonologischen Systeme zweier Sprachen (L_1) und (L_2) können daraufhin generalisierende intersystemare phonologische Regeln formuliert werden. Es ist dabei mit Kon- und Diskordanzen zu rechnen, d.h. dass in einer der zu vergleichenden Sprachen distinktive phonologische Merkmale fehlen oder zusätzlich vorkommen.

Auf die Problematik der nicht-phonologischen Spezifikationen der Endterme wurde bereits hingewiesen (vgl. S. 70). Die funktionale kontrastive Syntax kann bei dieser Spezifikation eine wichtige Rolle spielen, indem sie distinktive Merkmale signalisiert, welche innerhalb der Analyse einer einzelnen Sprache leicht übersehen werden:

(106)   Hij trekt zijn jas aan.
(107)   Er zieht seinen Mantel an.
(108)   Zij trekt haar mantel aan.
(109)   Sie zieht ihren Mantel an.

Für die Spezifikation des Endtermes M A N T E L reichen somit distinktive Merkmale wie + zählbar + Gegenstand usw. nicht aus; es muss hinzugefügt werden, dass M A N T E L im Deutschen in Bezug auf Menschen, im Niederländischen in Bezug auf Frauen verwendet wird.

Auch die Beispiele (110) - (112) zeigen, dass eine kontrastive Analyse zu einer weiteren Spezifikation von N E E F führt, als sonst im Niederländischen nötig wäre:

(110)   Zij trouwde met haar neef.
(111)   Sie heiratete ihren Vetter.
(112)   Sie heiratete ihren Neffen.

Der Endterm V E T T E R muss im Lexikon u.a. spezifiziert werden als + Onkels- bzw. Tantenkind , und N E F F E als + Kind des Bruders resp. der Schwester .

Bei der Selektion der äquivalenten Endterme zweier Sprachen wird sich somit zeigen, dass es nicht per definitionem eins-zu-eins Entsprechungen gibt. Da jede Sprache aber ausdrucksadäquat ist, muss die Umschreibung eines Endtermes der Sprache L_1 in der Sprache L_2 prinzipiell möglich sein.

So war es bis vor kurzem im Niederländischen unmöglich, den Endterm W I S S E N S C H A F T L E R mit <u>einem</u> Endterm zu reproduzieren. In einem solchen Fall muss auf Grund der unabhängigen linguistischen Struktur eine Entsprechung durch mehrere Endterme bestimmt werden (z.B. W E T E N - S C H A P P E L I J K   A M B T E N A A R). Im übrigen zeigt sich in diesem Beispiel das Prinzip, dass jede natürliche Sprache veränderbar ist (vgl. S. 95): seit kurzem hat der Endterm W E T E N S C H A P P E R im Niederländischen Eingang gefunden.

Innerhalb der funktionalen kontrastiven Syntax kann folglich Spalatins Ansicht bezüglich Endterme nicht akzeptiert werden: "(...) there will always be areas in one language without counterparts of the same rank or of the same level, or with no counterparts at all, in the other."[1] Ein Endterm der Sprache L_1 muss nicht unbedingt als nur ein Endterm in L_2 realisiert werden. Es ist durchaus möglich, wie Spalatin selbst sagt, "(...) rendering the meaning expressed by an element in one language in the other language, lacking an equivalent element, by means of a different rank or level."[2] Es ist eben die Aufgabe der Teilanalyse (VII), Regeln zu formulieren, wie und auf welchen Ebenen die Endterme der Sprache L_1 und L_2 realisiert werden.

5.6. Bereiche der funktionalen kontrastiven Syntax

Abhängig von dem gewählten Forschungsgegenstand kann man Analysen der funktionalen kontrastiven Syntax als inter- oder als intralingual bezeichnen.

Sowohl inter- als auch intralinguale kontrastive Analysen sind erst möglich, wenn angenommen wird, dass Sprachen prinzipiell vergleichbar sind. Die Annahme der Vergleichbarkeit zweier Sprachen basiert auf der Hypothese, dass jede Sprache (relativ) ausdrucksadäquat ist. Auf Grund dieser Hypothese kann man eine approximative Aequivalenz zwischen unabhängigen linguistischen Strukturen zweier Sprachen postulieren.

---

1 Spalatin 1974, S. 81
2 Spalatin 1974, S. 81

(113) Teilanalysen der kontrastiven Grammatik:

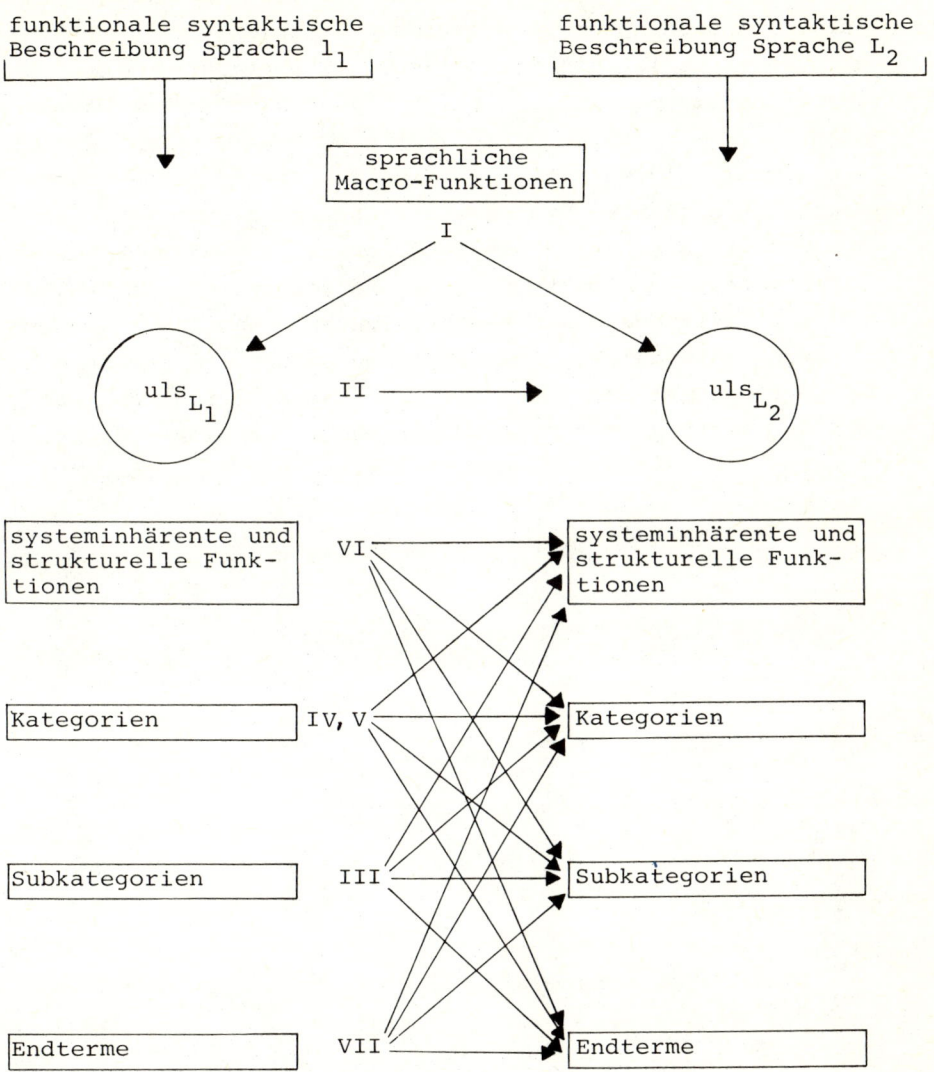

Die kontrastiven Teilanalysen sind entsprechend den Darlegungen oben römisch numeriert.

Aequivalente unabhängige linguistische Strukturen zweier Sprachen, die mit Hilfe der funktionalen Syntax beschrieben werden, können unter verschiedenen Aspekten verglichen werden. Jedes tc ist die Grundlage einer kontrastiven Teilanalyse. In (113) sind diese Teilanalysen schematisch dargestellt.

Die Teilanalysen (I) - (VII) bilden insgesamt die funktionale kontrastive Syntax zweier Sprachen. Man kann zum Schluss feststellen, dass sie sowohl syntagmatische als auch paradigmatische Aspekte der Sprache berücksichtigt. Weiter ist die funktionale kontrastive Syntax pragmatisch, indem sie von unabhängigen linguistischen Strukturen der Sprache ausgeht und weiter, indem sie dem Funktionieren von Sprache bei der kontrastiven Analyse der Macro-Funktionen Rechnung trägt.

6. Einige funktionale kontrastive Beschreibungen des Niederländischen und des Deutschen

6.1. Die Termini "Niederländisch" und "Deutsch"

Eine interlinguale kontrastive Syntax setzt als Forschungsgegenstand zwei Sprachen voraus. Die Definition einer Sprache ruft in vielen Fällen aber eine Reihe von Problemen hervor. Insbesondere gilt dies für das Niederländische. Die Möglichkeit der einzelnen Sprecher, einander zu verstehen, ist als Kriterium für die Definition einer Sprache zumindest umstritten[1]. So verstehen Sprecher beidseits der niederländisch-deutschen Grenze einander besser, als etwa die Friesen im Norden der Niederlande die Flamen in Belgien verstehen.

Auch andere Kriterien sind problematisch. Man könnte mittels einer Umfrage feststellen, wie die Bürger ihre eigene Sprache bezeichnen. In mehrsprachigen Gebieten ergäbe ein solcher Vorgang jedoch unbefriedigende Resultate. Ausserdem wäre diese Methode fragwürdig[2], geht es dabei doch eher um eine sprachbewusstseinsbezogene Untersuchung.

An anderen Stellen wurde oft ausführlich auf die verschiedenen Aspekte der Termini "Deutsch" und "Niederländisch" eingegangen. Es genügt daher, die entscheidenden Punkte hier kurz wiederzugeben.

Ueber die Geschichte der Ausdrücke "Deutsch" und "Nederlands" ist einiges bekannt. Seit dem vierten Jahrhundert ist die Bildungsweise *germanisch* *þeud-isk-az*, "zum Volk gehörig", geläufig[3]. Der entsprechende Begriff deutsch (lingua theo-

---

1 Vgl. Tervoort 1973, S. 99

2 Tervoort 1973, S. 99

3 Sonderegger 1978, S. 240

disca), seit althochdeutscher Zeit als sprachliche Selbstbezeichnung aufzufassen, entsteht aus der Auseinandersetzung Latein/Volkssprache und eigene Volkssprache/fremde Volkssprache[1]. Wichtig ist Sondereggers Befund, dass mit dem Durchbruch der althochdeutschen Bezeichnung diutisk die enge Stammesbewusstseinsstufe überwunden und dem übermundartlichen volkssprachlichen Bewusstwerden Platz gemacht wurde[2]. Als deutsch wird "(...) mehr und mehr die werdende, sich seit karolingischer Zeit verfestigende Einheit der Volkssprache nördlich der Alpen, zwischen dem Romanischen im Westen und dem Slavischen im Osten sowie in bestimmter Staffelung südlich der Nord- und Ostsee verstanden."[3]

Im Mittelniederländischen findet man das Wort Diets als Bezeichnung für die Volkssprache wieder[4]. Die Form Dietsch kommt besonders im Flämischen vor; die brabantische und holländische Form lautet Duutsch, diphtongiert: Duitsch. Das Englische übernimmt in der Zeit, als Diets die geläufige Bezeichnung der Volkssprache ist, diesen Ausdruck (Dutch) als Bezeichnung für die Sprache in den Niederlanden. Nach dem Mittelalter gerät Dietsch in Vergessenheit und es wird Nederlandsch als geografischer und sprachlicher Begriff verwendet als Gegensatz zum Overlandsch oder Hochdeutsch[5]. Später im 16. Jahrhundert nimmt Nederduitsch die Stelle von Nederlandsch ein. Erst im 19. Jahrhundert, mit der Gründung des Königreichs der Niederlande, wird die Bezeichnung Nederlands allgemein akzeptiert.

In seinem Aufsatz "Was ist Deutsch - und wie verhält es sich zum Niederländischen?" gelingt es Goossens, diese Termini genauer abzugrenzen. Für die räumliche Definition einer

---

1 Sonderegger 1979, S. 40

2 Sonderegger 1978, S. 237

3 Sonderegger 1979, S. 42

4 Pauwels 1972, S. 97

5 Pauwels 1972, S. 98

Sprache würde gelten: Eine Hochsprache besitzt den offiziellen Status einer Kultursprache, die als Verwaltungssprache, Gerichtssprache usw. verwendet wird. Die Mundarten sind Sprachsysteme, die in gewissen Hinsichten miteinander und mit der Hochsprache übereinstimmen. Als "Diasystem" bezeichnet Goossens die Summe der identischen und kontrastierenden Elemente einer Reihe von solchen verwandten Sprachsystemen[1]. Wenn man den Ausdruck "Diasystem" akzeptiert, gilt für die deutsche Hochsprache, dass sie kein Diasystem, sondern ein System mit geografischen Varianten ist.

Auch zeitlich kann eine Hochsprache abgegrenzt werden. So gibt es eine Reihe Argumente, um für den deutschen Sprachraum seit dem 16. Jahrhundert eine hochdeutsche Schriftsprache anzunehmen. Auch in den Niederlanden besteht seit dem 16. Jahrhundert eine allgemeine, überregionale Sprache.

Wesentlich für die Auffassungen von Goossens ist, dass ein Dialekt "überdacht" wird von einer Kultursprache. Aus dieser Annahme sind die entscheidenden Unterschiede zwischen Begriffen wie <u>Deutsch</u> und <u>Niederländisch</u> abzuleiten. So können weder Mundarten im nördlichen noch im südlichen Teil des niederländischen Sprachraums als "deutsche" Dialekte bezeichnet werden, da sie nicht von der deutschen Hochsprache überdacht werden. In den Niederlanden und im nördlichen Teil Belgiens hat das Niederländische den offiziellen Status einer Kultursprache. Da eine Kultursprache naturgemäss kein Dialekt einer anderen Sprache sein kann, ist es ausgeschlossen, das Niederländische als Dialekt des Deutschen aufzufassen.[2] Im übrigen müsste auch aus sprachgeschichtlichen Ueberlegungen eine solche Auffassung zurückgewiesen werden.

Häufig begegnet man, auch bei Linguisten, der falschen Vorstellung, "Holländisch" und "Flämisch" seien zwei ver-

---

1 Goossens 1976, S. 260
2 Goossens 1976, S. 266

schiedene Hochsprachen. Pauwels 1972 zitiert in dieser Beziehung eine Reihe ausländischer Veröffentlichungen, in denen diese Meinung geäussert wird. Zwar sind die Unterschiede zwischen Nord und Süd gross, aber es gibt nur eine "überdachende" Hochsprache. Man könnte deshalb höchstens die Begriffe "Dutch Netherlandic" und "Flemish Netherlandic" zulassen.

Dazu ist ausserdem zu bemerken, dass der Ausdruck "Flämisch" fehl am Platz ist, wenn man die niederländische Sprache in Belgien meint. Das Flämische ist einer der vielen südlichen Dialekte. Aus ähnlichen Gründen sollte man "Holländisch" nicht als Synonym für die niederländische Sprache im Norden verwenden.

Zwar können Begriffe wie "Deutsche Hochsprache" und "Niederländische Hochsprache" oder "Niederländische Allgemeinsprache"[1] mit Hilfe der oben erwähnten Kriterien eindeutig voneinander unterschieden werden. Die Frage, ob eine bestimmte sprachliche Erscheinung zur Hochsprache gehört, eine regionale Variante ist oder zum Dialekt gehört, lässt sich jedoch oft kaum beantworten. Dazu muss man bedenken, dass die deutsche Hochsprache nicht von einem Kulturzentrum geprägt wurde, wie das mit der niederländischen Allgemeinsprache der Fall ist. Daher kann Jespersens bekanntes Kriterium, Hochsprache spreche derjenige, dem man nicht anhört, woher er komme, für das Deutsche noch weniger angewendet werden als für das Niederländische. Linguistische Arbeiten, die Erscheinungen einer Allgemeinsprache untersuchen und erklären, können sich somit höchstens auf ein approximatives "Ideal" der Hochsprache stützen. Eine interlinguale kontrastive Syntax, die Uebereinstimmungen und Unterschiede zweier Allgemeinsprachen beschreibt, gründet sich folglich auf die beiden approximativen "Ideale" dieser Sprachen.

---

1 In der Sprachwissenschaft wird die niederländische Kultursprache meistens als "Algemeen Beschaafd Nederlands" (A.B.N.) angedeutet

In den nächsten Abschnitten dieses Kapitels werden einige Bereiche der deutschen und niederländischen Syntax, namentlich Aspekte der Inkorporation, kontrastiv betrachtet. Ueber jedes der angesprochenen Probleme besteht eine meistens ausführliche Fachliteratur. Da in diesem Kapitel an Hand von Beispielen versucht wird, die im fünften Kapitel entwickelten Vorschläge für eine kontrastive Syntax zu überprüfen, wird diese Literatur in der vorliegenden Arbeit nur wenig berücksichtigt.

In verschiedener Hinsicht ähneln sich die deutsche und die niederländische Syntax sehr. Van Dam bemerkt dazu sogar, "(...) dass in manchen Erscheinungen eine verblüffende Aehnlichkeit zwischen den beiden Sprachen besteht (...)"[1]. Die Beschreibungen in den nächsten Abschnitten bestätigen zum grössten Teil diese Feststellung.

6.2. Einige Aspekte der Inkorporation

In der traditionellen Grammatik werden Sätze wie (1)

(1)   Ich hörte einen Helikopter aufsteigen.

als "Hauptsatz" bezeichnet; in (2)

(2)   Ich hörte, dass ein Helikopter aufstieg.

unterscheidet man gewöhnlich einen "Hauptsatz" <u>ich hörte</u> und einen "Nebensatz" <u>dass ein Helikopter aufstieg</u>; (3) würde zwei "Hauptsätze" enthalten:

(3)   Ein Helikopter stieg auf; ich hörte das.

Abgesehen von der Problematik, im Rahmen der traditionellen Grammatik den Satz zu definieren, scheint die Terminologie "Hauptsatz" und "Nebensatz" irreführend zu sein. Dies zeigt sich z.B. in (4):

---

1 Van Dam 1972, S. 205

(4) Ich erwarte, dass der Helikopter bald aufsteigt.

Es ist anzunehmen, dass die traditionelle Grammatik im Beispiel (4) einen "Hauptsatz" <u>ich erwarte</u> und einen "Nebensatz" <u>dass der Helikopter bald aufsteigt</u> unterscheidet. Der "Hauptsatz" <u>ich erwarte</u> kann aber nicht ohne weiteres allein stehen; er braucht eine Ergänzung in Form eines Objektes oder eines Satzes. Ohne diese Ergänzung kann folglich kein Satz (oder "Hauptsatz") angenommen werden. Weiter fehlen in der traditionellen Grammatik Argumente, um zu belegen, dass (5) aus einem "Haupt-" und einem "Nebensatz" besteht, (6) aber nicht:

(5) Ich hörte, dass der Dieb das Fenster einschlug.
(6) Ich hörte den Dieb das Fenster einschlagen.

Die Unterscheidungen "Haupt-" und "Nebensatz" sind somit nicht eindeutig definiert und machen einen arbiträren Eindruck.

Auch die Strukturalisten haben den Begriff Satz nicht eindeutig definieren können. Bezeichnend für diese Problematik ist der Ausgangspunkt, den Kufner sich für die kontrastive Syntax wählt: "The sections on German phrase and clause structure will be based on the admittedly optimistic assumption that the student of German will have a fair degree of 'sentence sense' in his native English."[1] Es dürfte klar sein, dass auf einer solchen Basis die Beschreibung der Inkorporation unvollständig bliebe und höchstens exemplifikatorischen Wert erhielte.

Die Sätze (1), (2) und (3) machen den Eindruck, "synonym" zu sein. In der TG wurden verschiedene Vorschläge formuliert, um die Aehnlichkeit zwischen solchen Sätzen zu erklären. Stark vereinfacht kann man sagen, dass in der TG komplexe Sätze wie (2)

(2) Ich hörte, dass ein Helikopter aufstieg.

---

[1] Kufner 1962, S. 2

mit Hilfe von Transformationen aus einfachen Tiefenstrukturen abgeleitet werden. Es wurde im dritten Kapitel dieser Arbeit schon auf prinzipielle Einwände gegen solche Beschreibungen hingewiesen. Erstens ist es schwer zu beweisen, dass (1), (2) und (3) völlig "synonym" sind. So besitzt (1), abhängig vom Diskurs, in dem dieser Satz auftritt, nur eine Funktion NEU (z.B. Helikopter aufsteigen), während (3) zwei Funktionen NEU enthält (z.B. stieg auf und das). Zweitens ist es die Aufgabe der Syntax, die unterschiedlichen linguistischen Strukturen einer Sprache zu beschreiben und zu erklären, d.h. dass sowohl (1) als auch (2) und (3) je nach ihren eigenen typischen Eigenschaften unabhängig voneinander analysiert werden müssen. Eventuelle Aehnlichkeiten zwischen solchen Strukturen werden implizit aufgezeigt bei der Beschreibung der einzelnen Strukturen.

Es würde in diesem Rahmen zu weit führen, in Einzelheiten zu besprechen, wie die Inkorporation durch die unterschiedlichen linguistischen Schulen behandelt wurde. Die obenstehenden Bemerkungen dürften jedoch klar gemacht haben, dass bislang eine befriedigende Grundlage für die Beschreibung der Inkorporation fehlte.

Eine funktionale Syntax hingegen scheint imstande zu sein, die Inkorporation adäquat zu beschreiben. Dies ist aus zwei Gründen erklärbar. Erstens wird in einer funktionalen Syntax, wie sie im vierten Kapitel dargelegt wurde, auf Transformationen verzichtet. Daher ist eine Annahme, dass (1), (2) und (3) eine gemeinsame Tiefenstruktur besitzen, überflüssig geworden, und die Frage, ob (1), (2) und (3) synonym sind, stellt sich deswegen nicht innerhalb der funktionalen Syntax. Zweitens hat die funktionale Syntax einen generativen Charakter; die generativen Regeln können rekursive Elemente erhalten (vgl. S.75f). So ist es möglich, dass eine Kategorie (s) durch ein Funktionsnetz charakterisiert wird, während eine strukturelle Funktion dieses Netzes wieder als (s) subkategorisiert werden kann. Derartige generative Regeln mit rekursiven Elementen machen die traditionellen Termini "Hauptsatz" und "Nebensatz" überflüssig.

In Beschreibungen der Inkorporation spielt das rekursive Element somit eine entscheidende Rolle. Für (7)

(7) Das Publikum hofft, dass Ajax gewinnt.

gilt, dass der Anfangssubkategorie (s) ein Netz struktureller Funktionen zugeteilt wird, nämlich SUBJEKT, PRAEDIKAT und DIREKTES OBJEKT. Diese Funktionen werden auf zwei Weisen charakterisiert: horizontal durch die systeminhärenten Funktionen und vertikal durch die Subkategorisierung. Die Funktion DIREKTES OBJEKT aus (7) wird subkategorisiert als (s); letztere Subkategorie (s) wird einem Netz struktureller Funktionen zugeteilt: SUBJEKT und PRAEDIKAT. Diese werden horizontal durch die systeminhärenten Funktionen und vertikal durch die Subkategorisierung charakterisiert. Solche generative Regeln werden wie in (8) generalisiert:

(8)

s ⟶ SUBJ.   , PRAED.   , DIR. OBJ.
     (THEMA)   (THEMA)   (RHEMA)
     (GEGEBEN)   (GEGEBEN)   (NEU)
     (AGENS)   (PROZESS)   (AFFIZIERT)
DIR. OBJ. ⟶ s
s ⟶ SUBJ.   , PRAED.
     (THEMA)   (RHEMA)
usw.   usw.   usw.

Für die Inkorporation kann nun folgende Konvention formuliert werden: Eine unabhängige linguistische Struktur kann als (s) subkategorisiert werden, wenn diese wenigstens eine strukturelle Funktion enthält, die horizontal durch systeminhärente Funktionen und vertikal durch Subkategorisierung charakterisiert wird; man spricht von Inkorporation, wenn eine solche strukturelle Funktion selbst als (s) subkategorisiert werden kann.

Auf Grund dieser Konvention kann gefolgert werden, dass in (1) nicht die Rede von Inkorporation sein kann, weil weder die strukturelle Funktion PRAEDIKAT (<u>hörte</u>) noch die strukturelle Funktion DIREKTES OBJEKT (einen Helikopter aufsteigen) als (s) subkategorisiert werden kann: Letzterer Satzteil besteht z.B. nicht aus einer Funktion, die als (s) subkategorisiert werden könnte, sondern aus drei Teilen, die zusammen aber kein strukturelles Systemnetz darstellen (so erfüllt aufsteigen nicht die Funktion PRAEDIKAT gegenüber Helikopter). In (2) hingegen wird die Funktion DIR. OBJEKT als (s) subkategorisiert (ein Helikopter stieg auf); die strukturellen Funktionen dieser Subkategorie werden horizontal durch die systeminhärenten Funktionen, vertikal durch Subkategorisierung charakterisiert. Die unabhängige linguistische Struktur (3) enthält zwei Anfangssubkategorien (s); jeder dieser Anfangssubkategorien wird ein Netz struktureller Funktionen zugeteilt. Da keine dieser Funktionen vertikal nach unten als (s) subkategorisiert werden kann, enthält (3) keine Inkorporation.

Ohne dass dieses Kapitel Vollständigkeit anstrebt, wird in den nächsten Abschnitten versucht, einen Teil der niederländischen und deutschen Inkorporation, nämlich die Subordination, zu beschreiben. Zuerst ist es notwendig, einige Bemerkungen über die Wortfolge von inkorporierten Sätzen zu machen. Daraufhin werden die Inkorporationen der strukturellen Funktionen des Niederländischen und des Deutschen verglichen. Eine solche Arbeitsweise ergibt sich aus dem Aufbau einer funktionalen Syntax: Da strukturelle Funktionen mittels generativer Regeln unter bestimmten Bedingungen als (s) subkategorisiert werden, sollte für jede dieser Funktionen eine solche Subkategorisierung betrachtet werden. Dieser Vorgang weicht somit prinzipiell von einer Arbeitsmethode ab, die z.B. bei Van Es und Van Caspel 1975[1] zu finden ist; er entspricht hingegen zum grössten Teil der Reihenfolge ihres Ueberblickes[2].

---

[1] Vgl. Van Es Bd 45 (1975), S. 24f
[2] Van Es Bd 53 (1975), S. 393f

6.3. Allgemeines zur Wortfolge in inkorporierten Sätzen

Sowohl im Niederländischen als auch im Deutschen können strukturelle Funktionen als inkorporierte Sätze am Anfang, in der Mitte oder am Ende der Anfangssubkategorie(s) auftreten. Inkorporationen besitzen in beiden Sprachen oft eine spezifische Wortfolge; da dies jedoch nicht für alle Fälle der Inkorporation zutrifft, wurde das Kriterium der Wortfolge bei der Definition des Begriffes "Inkorporation" in (6.2.) nicht berücksichtigt.

Sätze, die an erster Stelle nicht die Funktion SUBJEKT haben, kann man mit Van Es und Van Caspel[1] als "Anlauf-Konstruktionen" ("aanloop-constructies") bezeichnen. Für das Niederländische wie für das Deutsche gilt im allgemeinen, dass die Inversion in Inkorporationen mit Anlauf fehlt. So enthalten die Inkorporationen in (9) und (10) gerade Folge:

(9) Hij wist niet meer waar hij zijn auto had geparkeerd.
(10) Er wusste nicht mehr, wo er sein Auto parkiert hatte.

Nur die deutsche Inkorporation mit _als_ (einen irrealen Vergleich andeutend) stellt diesbezüglich eine Ausnahme dar; die niederländische äquivalente Konstruktion hat hingegen gerade Wortfolge:

(11) Hij werkt alsof zijn leven ervan afhangt.[2]
(12) Er arbeitet, als hinge sein Leben davon ab.[3]

---

[1] Vgl. Van Es Bd 52 (1975), S. 386f

[2] Eine Konjunktion mit _als_ wäre in (11) unmöglich.

[3] Nebenbei sei bemerkt, dass nach _als ob_ (Deutsch) in einer Inkorporation Inversion fehlt.

Im Niederländischen ist die Inkorporation mit <u>al</u> eine Ausnahme; äquivalente deutsche Konstruktionen hingegen besitzen gerade Wortfolge:

(13)   Ze zal niet slagen voor het examen, al studeert ze vlijtig.
(14)   Sie wird die Prüfung nicht bestehen, auch wenn sie fleissig studiert.[1]

Uneingeleitete Inkorporationen kommen in beiden Sprachen mit gerader Folge wie auch mit Inversion vor.

An dieser Stelle muss noch näher auf die Verbindung mit "W" (vgl. S. 58) eingegangen werden. Am Anfang einer Inkorporation kann in beiden Sprachen eine strukturelle Funktion auftreten, die die Form eines Interrogativpronomens, eines interrogativen Adverbs usw. annimmt. Sie stellt einerseits eine Verbindung mit der Anfangssubkategorie (s) her, erfüllt andererseits selbst eine strukturelle Funktion in der Inkorporation; diese "W-Konjunktion" heisst bei Van Es und Van Caspel "kopwoord" (= "Kopfwort")[2]. In den Beispielen

(15)   Ik weet wie het gedaan heeft.
(16)   Ich weiss, wer es getan hat.

stellen <u>wie</u> und <u>wer</u> die Beziehung zwischen der Inkorporation und der Anfangssubkategorie (s) her; sie haben beide die Form eines Interrogativpronomens und erfüllen zu gleicher Zeit in der Inkorporation die Funktion SUBJEKT.

Inkorporationen mit W-Konjunktion besitzen eine Wortfolge, die von der Funktion des ersten Wortes abhängt; handelt es sich dabei um ein SUBJEKT, so steht in der Inkorporation das SUBJEKT an erster Stelle (vgl. 15 und 16); erfüllt das

---

[1] Die Vergleichbarkeit der Beispiele 11 und 12, 13 und 14 und etwaige Varianten (z.B. 14a: *(...), so fleissig sie auch studiert*) werden hier nicht näher besprochen; relevant in diesem Abschnitt ist nur die Wortfolge in niederländischen und deutschen inkorporierten Sätzen.

[2] Van Es Bd 50 (1975), S. 247f

erste Wort eine andere strukturelle Funktion, so folgt das
SUBJEKT an zweiter Stelle:

(17) Ik begrijp niet wat hij van plan is.
(18) Ich verstehe nicht, was er vorhat.

In der synthetischen Form der Inkorporation steht das Verbum finitum an letzter Stelle. Im Deutschen ist die synthetische Form obligat bei Inkorporationen mit Anlauf und zusammengesetztem PRAEDIKAT, während sie im Niederländischen unter diesen Bedingungen fakultativ ist:

(19) De landen die wij vorig jaar hebben bezocht, waren interessant.
(20) Die Länder, die wir letztes Jahr besucht haben, waren interessant.

Auch (21) und (23) sind Beispiele fakultativer analytischer Formen der Inkorporation im Niederländischen, während (22) und (24) die obligaten synthetischen Entsprechungen darstellen:

(21) Dat zij had verlangd naar een zonnige zomer hoorde ik later.
(22) Dass sie sich nach einem sonnigen Sommer gesehnt hatte, hörte ich später.

(23) Hij is van mening dat deze maatregelen een verbetering zullen betekenen voor de samenleving.
(24) Er ist der Meinung, dass diese Massnahmen eine Verbesserung für die Gemeinschaft bedeuten werden.

Zwar ist die Wortordnung in Inkorporationen mit Anlauf im Niederländischen freier als im Deutschen, dennoch bestehen gewisse Einschränkungen: So stehen die Funktionen DIREKTES OBJEKT und INDIREKTES OBJEKT zwischen SUBJEKT und Verbum finitum. Ein Satz wie (25) ist daher nicht möglich:[1]

(25) *Dat zij eiste meer vakantie vond ik overdreven.

---

[1] Hingegen ist (21) möglich, da dieser Satz ein PRAEPOSITIONALOBJEKT enthält.

Unterschiede zwischen synthetischen und analytischen Formen
der Inkorporation werden in einer funktionalen Syntax nicht
nur durch die Reihenfolge der strukturellen Funktionen beschrieben, sondern auch durch die systeminhärenten Funktionen
begründet. So wird die strukturelle Funktion PRAEPOSITIONAL-
OBJEKT in (26) u.a. als RHEMA und NEU spezifiziert, während
dies in (27) mit der Funktion PRAEDIKAT der Fall ist:

(26) Dat hij dacht aan verre landen verbaasde me zeer.
(27) Dat hij aan verre landen dacht, verbaasde me zeer.

Wie oben bereits gezeigt wurde, gilt im Gegensatz zum Deutschen für das Niederländische eine ähnlich beschränkte Freiheit der Wortfolge in Inkorporationen mit zusammengesetzten
PRAEDIKATEN.

 Auch in Bezug auf die Folge der verbalen Teile innerhalb
der Inkorporationen sind Unterschiede zwischen dem Niederländischen und dem Deutschen festzustellen.

 Oben wurde bereits erwähnt, dass niederländische Inkorporationen mit Anlauf fakultativ eine analytische Struktur
kennen. Wenn das PRAEDIKAT zwei verbale Teile umfasst, sind
somit (28) und (29) möglich, während das Deutsche (30) als
Aequivalent hat:

(28) Doe een jas aan als we gaan wandelen.
(29) Doe een jas aan als we wandelen gaan.
(30) Ziehe einen Mantel an, wenn wir spazierengehen.

Van Es und Van Caspel stellen für das Niederländische eine
Tendenz fest, dass in solchen Konstruktionen, insbesondere
mit Verben wie _gaan_, _komen_, _blijven_, _laten_, _zien_ usw., das
Verbum finitum vor dem Verbum infinitum auftritt[1].

 Auch in niederländischen Inkorporationen mit einer Struktur, die _hebben_, ein _Verbum finitum_ und _te_ (= zu) enthält,
ergeben sich beide Möglichkeiten; das Deutsche hat (33) als
Aequivalent:

---

[1] Van Es Bd 52 (1975), S. 377

(31) Ik hoorde dat de directeur belangrijke dingen had te bespreken.
(32) Ik hoorde dat de directeur belangrijke dingen te bespreken had.
(33) Ich hörte, dass der Direktor wichtige Dinge zu besprechen hatte.

Eine ähnliche Freiheit in der Wortfolge der niederländischen Inkorporationen ist festzustellen, wenn das PRAEDIKAT aus einem Hilfsverb und einem Participium perfecti oder Verbum infinitum besteht; das Deutsche hat nur (36) als Aequivalent:

(34) Hij vindt dat een kind moet spelen.
(35) Hij vindt dat een kind spelen moet.
(36) Er findet, dass ein Kind spielen muss.

Niederländische Inkorporationen mit einem zusammengesetzten PRAEDIKAT, das ein trennbares Verb enthält, haben ebenfalls eine freiere Wortfolge als die deutschen Aequivalente:

(37) De moeder dacht dat het kind niet alleen wilde achterblijven.
(38) De moeder dacht dat het kind niet alleen achter wilde blijven.
(39) Die Mutter dachte, dass das Kind nicht allein zurückbleiben wolle.

Wenn sich das Adverb auf das PRONOMINALOBJEKT bezieht, kann es selten zwischen dem Verbum finitum und dem Verbum infinitum oder Participium perfecti vorkommen:

(40) Hij zei dat hij er niet naar kon verlangen.
(41) *Hij zei dat hij er niet kon naar verlangen.
(42) Er sagte, dass er sich nicht danach sehnen konnte.
(43) *Er sagte, dass er sich nicht konnte danach sehnen.

Besteht das PRAEDIKAT der Inkorporation aus mehr als zwei verbalen Teilen, kann das Verbum finitum in beiden Sprachen als erster Verbalteil auftreten:

(44) Ik heb hem verteld dat wij ons huis zullen laten schilderen.

(45) Ich habe ihm erzählt, dass wir unser Haus werden malen lassen.

Im Deutschen ist dies geläufig, wenn das PRAEDIKAT eine Form von haben oder werden und zwei Infinitive umfasst. Für das Niederländische gilt das gleiche; ausserdem ist eine solche Konstruktion mit zijn möglich:

(46) Dat hij zich is gaan melden, verbaast me.

Wenn die Inkorporation mit Anlauf hingegen ein PRAEDIKAT mit modalem Hilfsverb und zwei Infinitiven enthält, wird im Deutschen eher eine synthetische Konstruktion verwendet; im Niederländischen wäre daneben eine analytische Konstruktion möglich:

(47) Ik geloof dat we onze garage moeten laten repareren.
(48) Ich glaube, dass wir unsere Garage reparieren lassen sollten.
(49) *Ich glaube, dass wir unsere Garage sollten reparieren lassen.

Van Dam[1] weist darauf hin, dass das Verb brauchen in zwei Arten Konstruktionen erscheinen kann: in Kombination mit einem Participium wie in (50) und in Kombination mit einem Verbum finitum wie in (51). In diesem Fall ist im Niederländischen die Konstruktion mit Infinitiv und der entsprechenden Reihenfolge (52) möglich:

(50) Ich verstehe nicht, dass sie das zu tun gebraucht hätten.[2]
(51) Ich verstehe nicht, dass sie das hätten zu tun brauchen.
(52) Ik begrijp niet dat ze dat hadden moeten doen.

Ist im Deutschen die synthetische Form in einer Inkorporation erforderlich, für den Fall, dass das PRAEDIKAT ein

---

[1] Van Dam 1972, S. 105

[2] Es ist zu bezweifeln, ob Sätze wie (50) "häufiger" vorkommen, wie Van Dam behauptet.

Hilfsverb mit Infinitiv und Participium perfecti enthält, so kennt das Niederländische in einer solchen Inkorporation die analytische Form:

(53) Hij was moe nadat hij was gaan zwemmen.
(54) Er war müde, nachdem er schwimmen gegangen war.

Das Verbum finitum wird vorangestellt in deutschen und niederländischen Inkorporationen, wenn das PRAEDIKAT aus drei Infinitiven oder zwei Infinitiven mit Participium perfecti besteht:

(55) Dat was een gelegenheid, die hij niet had moeten laten lopen.
(56) Das war eine Gelegenheit, die er nicht hätte laufen lassen sollen.

Im übrigen zeigt sich in solchen Konstruktionen die bereits auf S.112 erwähnte Erscheinung, dass im Niederländischen das "dominante" Verb durch andere Verben von links her, im Deutschen von rechts her spezifiziert wird.

In gehobener Sprache kann im Deutschen manchmal das Verbum finitum der Inkorporation weggelassen werden; dies ist im Niederländischen unmöglich:

(57) Wat hij gezworen heeft, is hij nagekomen.
(58) Was er geschworen, hat er gehalten.

In Handlungssätzen kommt im Deutschen *es* und im Niederländischen *er* meistens an erster Stelle, wenn weder SUBJEKT noch eine andere Funktion den Satz eröffnet. In der Inkorporation erscheinen *er* und *es* zwischen Bindewort und SUBJEKT:

(59) Ik denk dat er onweer komt.
(60) Ich denke, dass es ein Gewitter gibt.

Auch wenn *er* lokative Bedeutung hat, erscheint dieses Wort in niederländischen Inkorporationen an der erwähnten Stelle; im Deutschen fehlt in solchen Fällen *es*:

(61) Ik hoorde dat er iemand in de tuin rond liep.
(62) Ich hörte, dass jemand im Garten herumging.

Ausserdem hat das Niederländische er an dieser Stelle der Inkorporation, wenn dem SUBJEKT ein Zahlwort vorangeht; auch hier fehlt im Deutschen es:

(63) Ik zag dat er vier personen in de auto zaten.
(64) Ich sah, dass vier Personen im Auto sassen.

Am Schluss dieses Abschnittes muss erwähnt werden, dass in niederländischen wie in deutschen Inkorporationen ein Satzteil zwischen SUBJEKT und Verbum finitum auftreten kann. Kommen in einer Inkorporation die Funktion SUBJEKT und das Verbum finitum direkt nebeneinander vor (vgl. 65 und 66), so lässt sich eine solche Konstruktion leicht erweitern mit einem Satzteil zwischen SUBJEKT und Verbum finitum (vgl. 67 und 68):

(65) Ik weet dat tante komt.
(66) Ich weiss, dass die Tante kommt.
(67) Ik weet dat tante morgen om vier uur komt.
(68) Ich weiss, dass die Tante morgen um vier Uhr kommt.

In den nächsten Abschnitten wird nun verglichen, wie einige strukturelle Funktionen im Niederländischen und im Deutschen als inkorporierte Sätze vorkommen[1].

6.4. Das SUBJEKT als Inkorporation

a. direkte Rede

Sowohl im Niederländischen als auch im Deutschen besteht die Möglichkeit, in der direkten Rede die Funktion SUBJEKT als (s) zu subkategorisieren:

(69) "Dat lijkt me overdreven", was zijn commentaar.
(70) "Das scheint mir übertrieben", war sein Kommentar.

Für beide Sätze gilt eine Analyse wie (71):

---

[1] Die Diagramme in den Abschnitten 6.4. bis 6.11. haben exemplifikatorischen Wert; sie können an Aussagekraft gewinnen, wenn erstens die strukturellen Funktionen auf Grund der auf S. 73 erwähnten Konventionen aufgeführt werden, und zweitens, indem die systeminhärenten Funktionen eingetragen werden.

136 Funktionale kontrastive Beschreibungen

(71) uls ⟶ s
  s ⟶ SUBJEKT, PRAEDIKAT, PRAEDIKATSKOMPLEMENT
  SUBJEKT ⟶ s
  s ⟶ SUBJ., PRAED., IND. OBJ., PRAED.KOMPL.
  usw.

Solche generativen Regeln werden wie in (72) generalisiert:

(72)

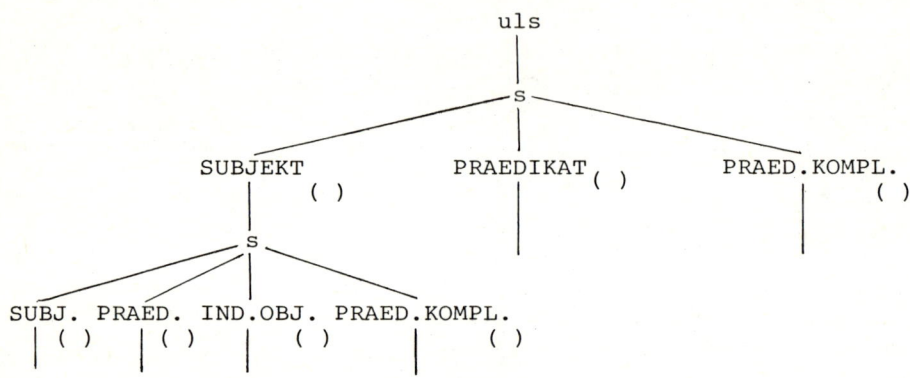

Die Klammern rechts unter den strukturellen Funktionen deuten jeweils die üblichen systeminhärenten Spezifikationen an.

b. <u>dat</u>-Konjunktion

In aktiven und passiven non-medialen Sätzen kann die Inkorporation des SUBJEKTS ohne FORMSUBJEKT auftreten:

(73) Plotseling werd hem medegedeeld dat hij vroeger vakantie had.
(74) Plötzlich wurde ihm mitgeteilt, dass er früher Ferien hätte.

Auch in (76) fehlt das FORMSUBJEKT, während dies in der niederländischen äquivalenten Konstruktion fakultativ auftritt:

(75) Langzaam werd het hem duidelijk dat hij van haar hield.
(76) Langsam wurde ihm klar, dass er sie liebte.

Sowohl in niederländischen als auch in deutschen medialen Sätzen kann die Subjektinkorporation präzisieren, was im PRAEDIKAT des Satzes angedeutet wird:

(77) Het gebeurt wel eens dat de trein te vroeg vertrekt.
(78) Es passiert manchmal, dass der Zug zu früh abfährt.

Die Inkorporation des SUBJEKTS mit dat-Konjunktion kann generalisiert werden wie in (79). Dabei gilt, dass das Vorkommen des FORMSUBJEKTS von der Spezifikation des PRAEDIKATS abhängt.

(79a) mit FORMSUBJEKT

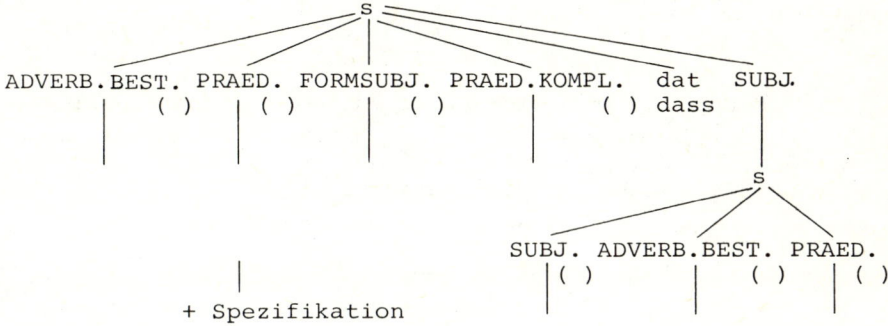

(79b) ohne FORMSUBJEKT

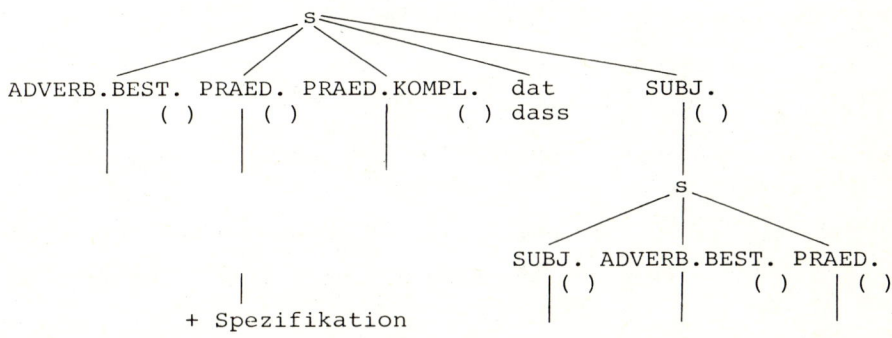

In (77) und (78) tritt die Subjektinkorporation in Endstellung auf; dadurch erhält sie die textualen Funktionen RHEMA und NEU, während das FORMSUBJEKT als THEMA und GEGEBEN zu spezifizieren ist. Werden der Subjektinkorporation in Anfangsstellung die Funktionen THEMA und GEGEBEN zugeteilt, so fehlen het und es als FORMSUBJEKT:

(80) Dat de trein te vroeg vertrekt, gebeurt wel eens.
(81) Dass der Zug zu früh abfährt, passiert gelegentlich.

In den beiden Sprachen kann das FORMSUBJEKT bei Inversion weggelassen werden:

(82) In het najaar werd het duidelijk dat we een strenge winter konden verwachten.
(83) Im Herbst wurde es klar, dass wir einen strengen Winter erwarten konnten.
(84) In het najaar werd duidelijk dat we een strenge winter konden verwachten.
(85) Im Herbst wurde klar, dass wir einen strengen Winter erwarten konnten.

In non-medialen Sätzen, die passiv sind, fehlt bei invertierter Folge meistens die Funktion FORMSUBJEKT:

(86) Gevreesd wordt dat de oogst mislukt.
(87) Befürchtet wird, dass die Ernte misslingt.

Bei nicht invertierter Folge nimmt das Deutsche die Funktion FORMSUBJEKT an; das Niederländische hingegen hat an dieser Stelle eine ADVERBIALBESTIMMUNG:

(88) Er wordt gevreesd dat de ...
(89) Es wird befürchtet, dass die ...

Auch in Relationssätzen kommt Subjektinkorporation mit <u>dat</u>-Konjunktion in beiden Sprachen vor:

(90) Het is te verwachten dat Nederland wereldkampioen wordt.
(91) Es ist zu erwarten, dass die Niederlande Weltmeister werden.

Vergleicht man solche Sätze mit (92) und (93):

(92) Nederland wordt waarschijnlijk wereldkampioen.
(93) Die Niederlande werden wahrscheinlich Weltmeister.

so fällt auf, dass die Subjektinkorporation in (90) und (91) die Funktionen RHEMA und NEU erhält, während dies in (92) und (93) nur für das PRAEDIKATSKOMPLEMENT gilt. Die Subjektinkorporation ist somit im Niederländischen und im Deutschen

für die textuale Macro-Funktion relevant. Ausserdem hat die
Subjektinkorporation interpersonale Relevanz: der modale
Aspekt, welcher in Sätzen wie (93) ausgedrückt wird, reali-
siert sich in Sätzen wie (91) durch die Subjektinkorporation.
In einer funktionalen kontrastiven Syntax wird dies genera-
lisiert wie in (94):

(94) dat-Konjunktion der Subjektinkorporation in Relationssätzen im
Niederländischen und im Deutschen:

(a) Anfangsstellung:

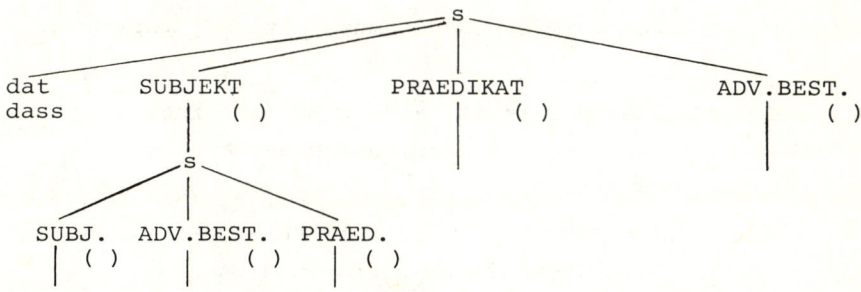

(b) Endstellung:

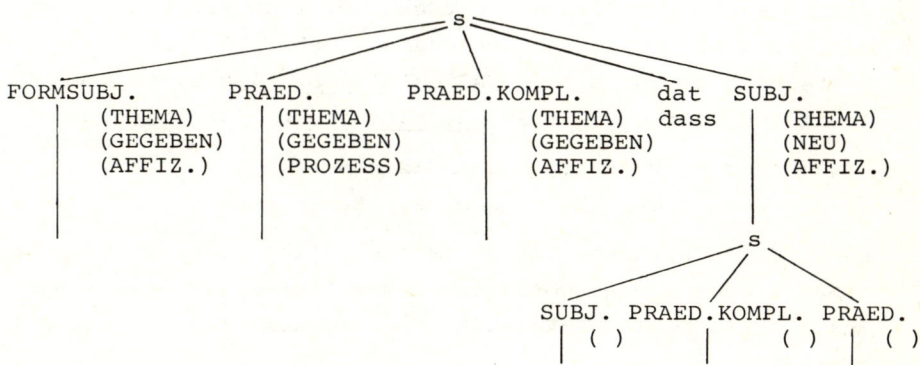

c. of-Konjunktion

Im Niederländischen und im Deutschen hat die Subjektinkorporation mit of-Konjunktion oft eine spezifische interpersonale

Funktion und kann z.B. Zweifel oder deren Verneinung bedeuten. So drückt (95) mehr Zweifel über die Erhöhung des Benzinpreises aus im Vergleich zu (96):

(95) Es ist nicht sicher, ob der Benzinpreis um zwei Rappen erhöht wird.
(96) Es ist nicht sicher, dass der Benzinpreis um zwei Rappen erhöht wird.

In (97) und (98) wird ausdrücklich versucht, Zweifel zu zerstreuen. In solchen Fällen können im Niederländischen keine Konstituenten zwischen SUBJEKT und PRAEDIKAT in der Inkorporation vorkommen; im Deutschen muss <u>als dass</u> verwendet werden:

(97) Het kan niet anders of Lauda wint deze race.
(98) Es kann nicht anders sein, als dass Lauda dieses Rennen gewinnt.

In anderen Fällen ist es im Deutschen üblicher als im Niederländischen, das verbindende Wort wegzulassen:

(99) Het is niet anders mogelijk of de president treedt af.
(100) Es ist nicht anders möglich, der Präsident tritt zurück

Weiter kann durch die Subjektinkorporation mit <u>of</u>-Konjunktion ein irrealer Vergleich zum Ausdruck gebracht werden; im Deutschen ist in solchen Fällen <u>als ob</u> obligat, im Niederländischen ist <u>of</u> obligat, <u>(als)of</u> jedoch fakultativ:

(101) Het leek of zij naar huis kwam.
(102) Es schien, als ob sie nach Hause käme.

Der modale Charakter dieser Inkorporation zeigt sich im Deutschen in der Subkategorisierung des PRAEDIKATS. Die Subjektinkorporation mit <u>of</u>-Konjunktion wird wie in (103) generalisiert:

(103) <u>of</u>-Konjunktion der Subjektinkorporation im Niederländischen und im Deutschen:

(a) Anfangsstellung:

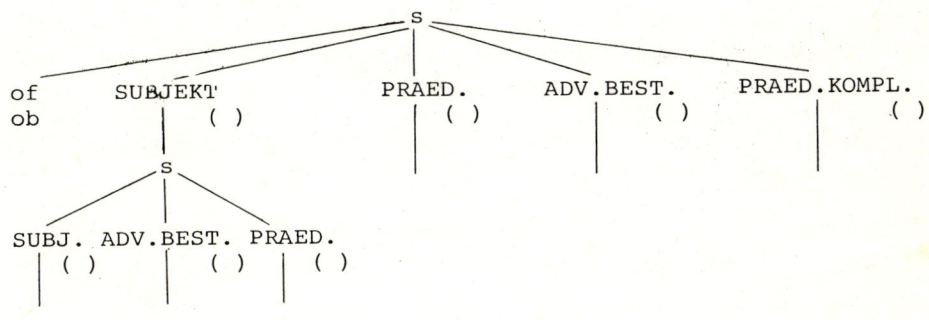

(b) Endstellung:

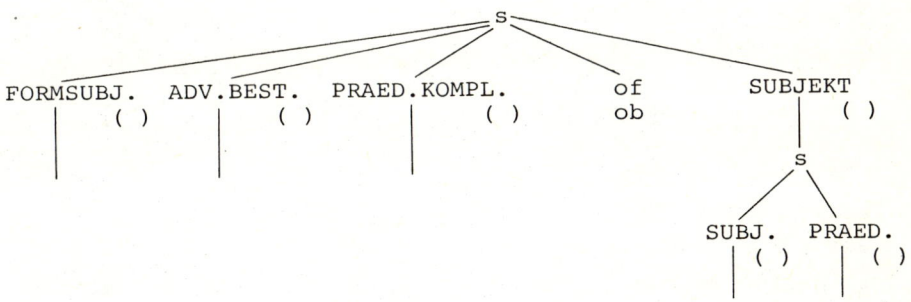

d. <u>als</u>-Konjunktion

Auch die Subjektinkorporation mit <u>als</u>-Konjunktion kommt in der Endstellung vor, während die Anfangssubkategorie (s) eine Funktion FORMSUBJEKT enthält. Die spezifischen interpersonalen Merkmale solcher Sätze werden in deutschen medialen Sätzen durch Subkategorisierung des PRAEDIKATS als konjunktiv, im Niederländischen durch eine Form von <u>zullen</u> oder eine Vergangenheitsform der Subkategorie (v) begründet:

(104) Het zou me niet verbazen als de koffie goedkoper wordt.
(105) Es würde mich nicht erstaunen, wenn der Kaffee billiger würde.

142   Funktionale kontrastive Beschreibungen

In Relationssätzen kann diese modale Subkategorisierung in beiden Sprachen fehlen:

(106)   Het is jammer als het brood bederft.
(107)   Es ist schade, wenn das Brot verdirbt.

In (108) sind die funktionalen Beschreibungen der Subjektinkorporation mit als-Konjunktion schematisch dargestellt:

(108)   als-Konjunktion der Subjektinkorporation im Niederländischen und im Deutschen:

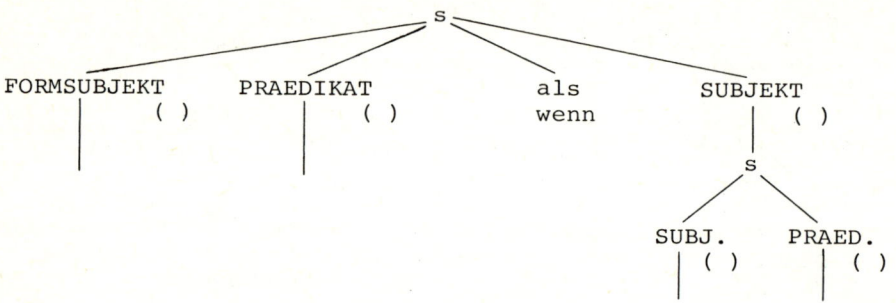

e. W-Konjunktion

Bei der W-Konjunktion steht an erster Stelle der Inkorporation eine Funktion, die in Interrogativsätzen als Interrogativpronomen, als interrogatives Adverb usw. spezifiziert wird (vgl. S.129):

(109)   Wie hard werkt kan voor het examen slagen.
(110)   Wer tüchtig arbeitet, kann die Prüfung bestehen.

Die Funktion, die eine W-Konjunktion spezifiziert, bezieht sich nicht auf den PROZESS, wie das der Fall ist bei dat-Konjunktion, sondern auf den PROCESSOR oder auf das PHENOMENON; die Beispiele (111) und (112) machen dies klar:

(111)   Dass er tüchtig arbeitet, bedeutet, dass er die Prüfung besteht.
(112)   Wer tüchtig arbeitet, besteht die Prüfung.

Nebenbei sei bemerkt, dass bei Subjektinkorporation mit

W-Konjunktion meistens eine allgemeine Aussage gemacht wird[1];
so bezieht sich <u>wer</u> in (112) auf eine Kategorie Menschen,
die tüchtig arbeiten; in (111) handelt es sich um eine Person, die tüchtig arbeitet.

In Konstruktionen wie (113) kann die W-Konjunktion im Niederländischen durch <u>hij die</u>, <u>die</u>, <u>degene die</u> oder <u>de man die</u>
ersetzt werden[2]; im Deutschen ist diese Substitution nur mit
<u>der, welcher</u>, <u>der, der</u> oder <u>derjenige, der</u> möglich:

(113) Hij die hard werkt, slaagt voor het examen.

(114) Der, der tüchtig arbeitet, besteht die Prüfung.

Die Subjektinkorporation mit W-Konjunktion kann sowohl im
Niederländischen als auch im Deutschen in medialen, nicht-medialen und Relationssätzen vorkommen; (115) und (116) sind
Beispiele der letzteren Möglichkeit:

(115) Wie dat gelooft, is dom.

(116) Wer das glaubt, ist dumm.

Beschreibungen der Subjektinkorporation mit W-Konjunktion
können wie in (117) dargestellt werden:

(117) Subjektinkorporation mit W-Konjunktion im Niederländischen und
im Deutschen:

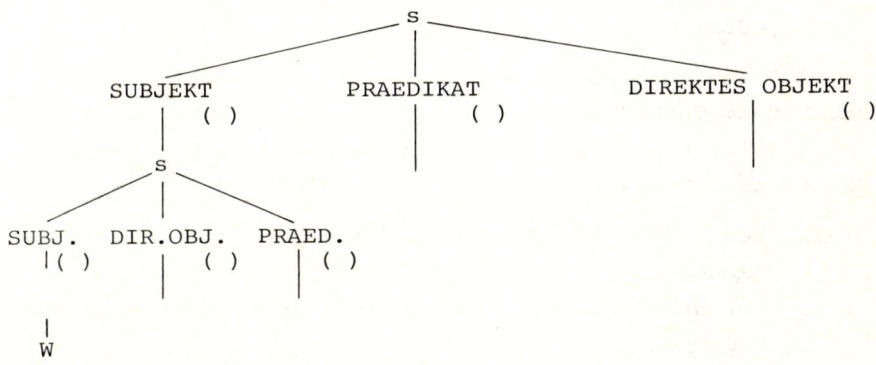

---

[1] Van Es Bd 50 (1975), S. 252f.

[2] Nach Van Es 1 Bd 50 (1975), S. 251, wäre in solchen Konstruktionen
ebenfalls <u>hij</u> üblich; ein Beispiel genügt, um zu zeigen, dass diese
Annahme nicht stimmt: *Hij hard werkt, slaagt voor het examen.

In diesem Zusammenhang ist noch zu bemerken, dass die Subjektinkorporation mit <u>wat</u> in Relationssätzen nicht als "allgemeine" Aussage funktioniert[1]:

(118)   Wat het ergste tegenviel, was de tweede akte.
(119)   Was am meisten enttäuschte, war der zweite Akt.

Das gleiche gilt, wenn Subjektinkorporationen mit <u>wie</u> oder <u>wat</u> in Endstellung auftreten:

(120)   Tijdens het verhoor werd duidelijk wie de dader was.
(121)   Während des Verhörs wurde klar, wer der Täter war.

6.5. Das PRAEDIKAT als Inkorporation

a. <u>dat</u>-Konjunktion

In Relationssätzen kann die Inkorporation in der Anfangs- und in der Endstellung vorkommen. Im ersten Fall funktioniert sie als THEMA, GEGEBEN und PROCESSOR, im letzten Fall als RHEMA, NEU und PROZESS.

In den attributiven Relationssätzen (122) und (123)

(122)   Dat het in dit deel van Afrika regent, is merkwaardig.
(123)   Dass es in diesem Teil von Afrika regnet, ist merkwürdig.

erfüllt die Inkorporation die Funktion SUBJEKT, sie wird als PROCESSOR, THEMA und GEGEBEN spezifiziert, während in (124) und (125) die Prädikatinkorporation u.a. die Funktionen RHEMA und NEU besitzt:

(124)   Een nadeel is, dat ons de tijd ontbreekt, Parijs te bezoeken.
(125)   Der Nachteil ist, dass uns die Zeit fehlt, Paris zu besuchen.

---

1 Vgl. Van Es Bd 50 (1975), S. 253

PRAEDIKAT als Inkorporation

In Sätzen wie (124) und (125) stellen die Prädikatinkorporationen in beiden Sprachen ein Attribut zum SUBJEKT dar (vgl. S. 62).

Für das Niederländische gilt, dass, wenn die nominale Gruppe in der Anfangsstellung bestimmt ist, eine Prädikatinkorporation folgt:

(126) Het verschil is, dat je in Spanje 's avonds laat eet.

In (127) hingegen hat man es mit einer Subjektinkorporation zu tun:

(127) Een groot nadeel is dat de bibliotheek 's morgens gesloten is.

Das Deutsche zieht in Sätzen wie (127) eine durch den Artikel bestimmte Nominalgruppe vor:

(128) Der grosse Nachteil ist, dass die Bibliothek am Morgen geschlossen ist.

Aus den Beispielen (126), (127) und (128) geht allerdings hervor, dass es schwer ist, eindeutige Kriterien zu formulieren, um die Unterschiede zwischen Subjekt- und Prädikatinkorporation in Relationssätzen zu spezifizieren.

Die Prädikatinkorporation wird wie in (129) generalisiert:

(129) Prädikatinkorporation mit <u>dat</u>-Konjunktion im Niederländischen und im Deutschen:

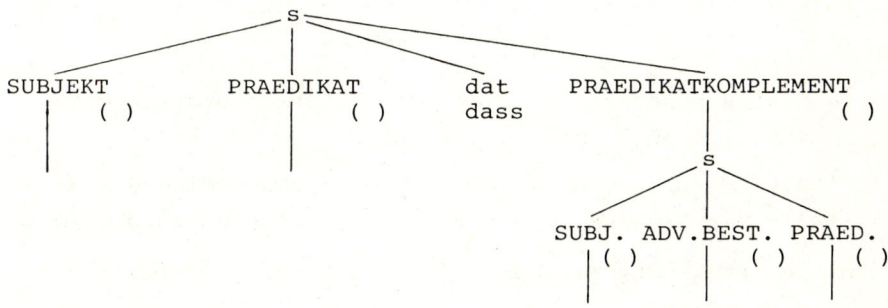

b. of-Konjunktion

In Relationssätzen tritt im Niederländischen und im Deutschen eine Prädikatinkorporation mit of-Konjunktion auf, wenn die Funktion SUBJEKT einen Endterm, spezifiziert als + vraag , enthält:

(130) De vraag is nu of we met Pasen een reis kunnen maken.
(131) Die Frage ist nun, ob wir zu Ostern eine Reise machen können.

(132) stellt die funktionale Beschreibung solcher Sätze dar:

(132) Prädikatinkorporation mit of-Konjunktion im Niederländischen und im Deutschen:

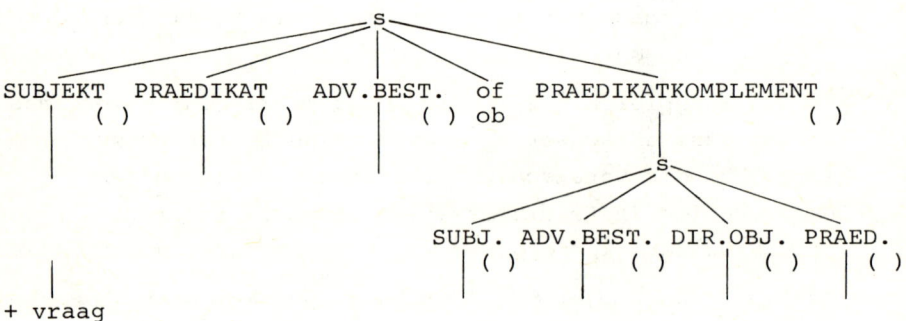

c. W-Konjunktion

In beiden Sprachen ist eine Prädikatinkorporation mit W-Konjunktion möglich:

(133) Het probleem is nu wie de verantwoording draagt.
(134) Das Problem ist nun, wer die Verantwortung trägt.

Diese Art Inkorporation wird wie in (135) generalisiert:

(135) Prädikatinkorporation mit W-Konjunktion
im Niederländischen und im Deutschen:

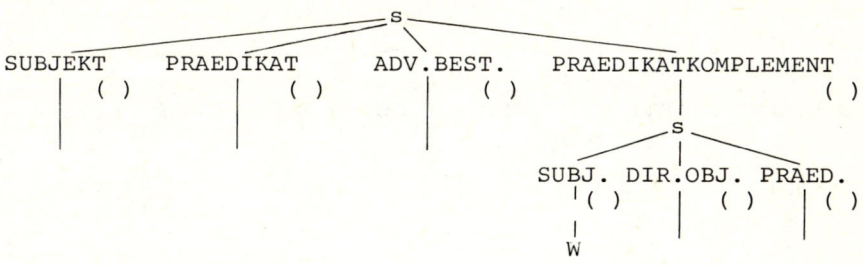

6.6. Das GENITIVOBJEKT als Inkorporation

In (136) kann man <u>seines kleinkarierten Denkens</u> als GENITIV-
OBJEKT auffassen[1]. Diese strukturelle Funktion wird vertikal
in der Subkategorisierung spezifiziert:

(136)   Er schämte sich seines kleinkarierten Denkens.

Auf Grund von (136) kann man nun für (137) eine Inkorporation des GENITIVOBJEKTS annehmen:

(137)   Er schämt sich, dass er kleinkariert gedacht hat.

Im Niederländischen fehlen überzeugende linguistische Argumente, um in solchen Sätzen ein GENITIVOBJEKT zu unterscheiden. Der äquivalente Satz von (136) verlangt im Niederländischen ein PRAEPOSITIONALOBJEKT (vgl. 138); für eine Konstruktion wie (137) erfordert das Niederländische somit eine
Inkorporation des PRAEPOSITIONALOBJEKTS (vgl. 139):

(138)   Hij schaamt zich voor zijn kleinburgerlijk denken.
(139)   Hij schaamt zich ervoor dat hij kleinburgerlijk denkt.

Aus den obenstehenden Beispielen ist zu folgern, dass bestimmte niederländische Inkorporationen des PRAEPOSITIONAL-
OBJEKTS unter gewissen Bedingungen deutschen Inkorporationen
des GENITIVOBJEKTS entsprechen. Diese Bedingungen werden im
Deutschen definiert durch die Spezifikation der Kategorie (v).

---

[1] Für die Kriterien, strukturelle Funktionen ausfindig zu machen, vgl.S.51

148   Funktionale kontrastive Beschreibungen

In (140) sind die erwähnten Unterschiede schematisiert:

(140)   (a) Niederländisch:

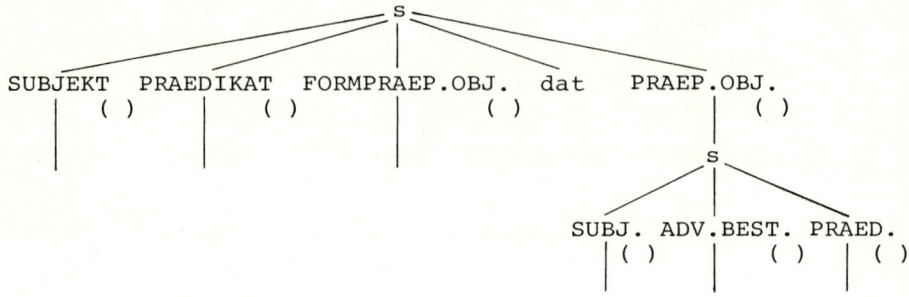

(b) Deutsch:

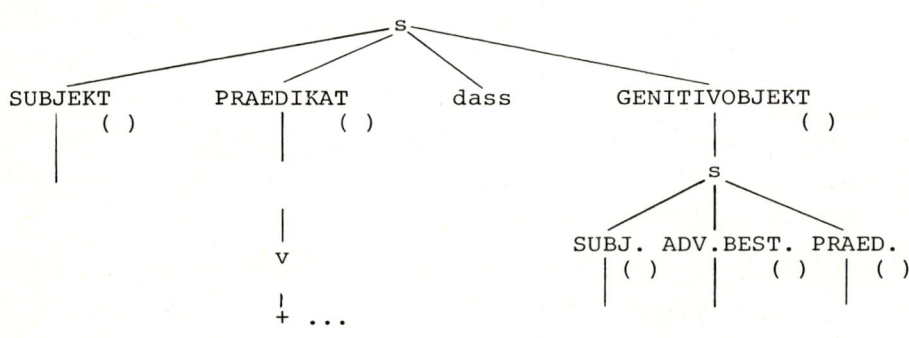

Erklärungen: "+ ..." bedeutet: Spezifikation eines Endterms

6.7. Das INDIREKTE OBJEKT als Inkorporation

Die Inkorporation des INDIREKTEN OBJEKTS kommt weder im Niederländischen noch im Deutschen häufig vor. Die Funktion INDIREKTES OBJEKT wird im Deutschen durch das Kasussystem spezifiziert; im Niederländischen kommt sie fakultativ mit den Präpositionen <u>aan</u> oder <u>voor</u> vor. Die Sätze (142) und (144) werden von Van Dam als Beispiele von "Dativobjektsätzen" gegeben[1]:

---

[1] Van Dam 1972, S. 191

DIREKTES OBJEKT als Inkorporation

(141) Hij gaf zijn geld aan (degene) die het nodig had.
(142) Er gab sein Geld (dem), der es brauchte.
(143) Hij gehoorzaamde degene die boven hem stond.
(144) Er gehorchte dem, der über ihm stand.

Schema (145) zeigt, wie solche Sätze in der funktionalen Syntax beschrieben werden:

(145) Inkorporation des INDIREKTEN OBJEKTS:

(a) Niederländisch:

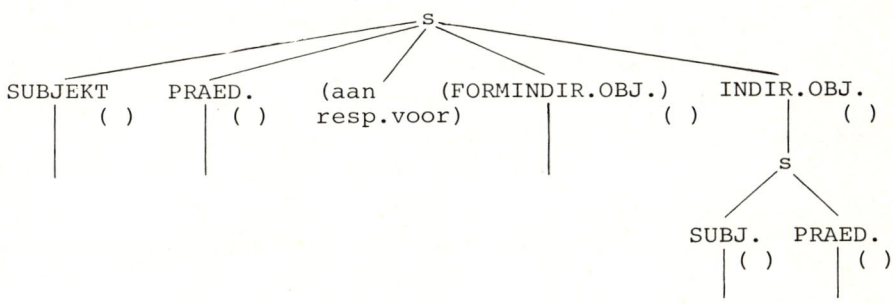

(b) Deutsch:

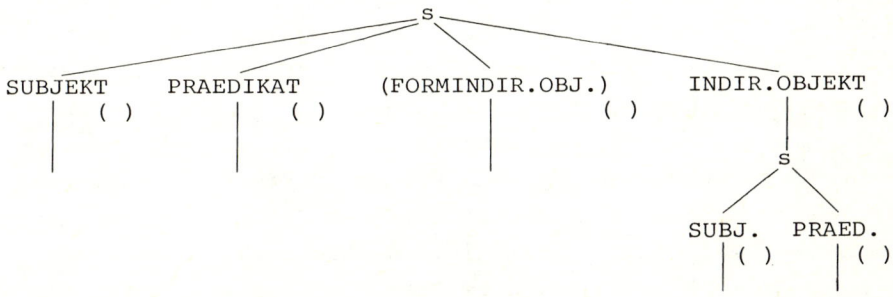

6.8. Das DIREKTE OBJEKT als Inkorporation

a. direkte und indirekte Rede

In beiden Sprachen kann das DIREKTE OBJEKT in der direkten Rede als (s) spezifiziert werden:

(146) Hij zei: "Laten we vanavond naar de film gaan."
(147) Er sagte: "Lasst uns heute abend ins Kino gehen."

Die Auffassung, dass die direkte Rede in solchen Sätzen als DIREKTES OBJEKT funktioniert, wird bestätigt, wenn man die Inkorporation an Anfangsstelle nimmt; in beiden Sprachen tritt dann Inversion auf, die üblich ist in Sätzen, die an erster Stelle das DIREKTE OBJEKT haben:

(148) "Laten we vanavond naar de film gaan", zei hij.
(149) "Lasst uns heute abend ins Kino gehen", sagte er.

Die indirekte Rede kommt mit und ohne Bindewort vor. Die erste Möglichkeit kann man als "abhängige", die zweite als "unabhängige" indirekte Rede bezeichnen[1]. In beiden Sprachen hat die unabhängige indirekte Rede die gleiche Struktur wie die direkte Rede. Auffällig bei der abhängigen indirekten Rede ist die Subkategorisierung der Kategorie (v). Im Deutschen gilt als Hauptregel, dass die indirekte Rede im Konjunktiv I steht, sofern dessen Formen eindeutig sind; sonst wird der Konjunktiv II vorgezogen[2]. Abhängig von dem Zeitpunkt, an dem die Aussage gemacht wird, sind drei Möglichkeiten zu unterscheiden: (i) "vergangen und abgeschlossen" mit dem Konjunktiv I von _haben_ oder _sein_ und mit 2. Partizip; (ii) "gerade geschehend" mit dem Konjunktiv I; (iii) "noch nicht begonnen" mit dem Konjunktiv I oder mit dem Konjunktiv I von _werden_ und mit Infinitiv[3]. Das Niederländische verwendet für (i) ein Plusquamperfekt, für (ii) ein Präteritum und für (iii) entweder ein Präteritum oder eine Form von _zullen_ mit Infinitiv. Das Niederländische kennt oft eine abhängige indirekte Rede als Aequivalent für die deutsche unabhängige indirekte Rede.

---

1 Vgl. Van Es Bd 38 (1974), S. 61f
2 Duden 1973, S. 109
3 Duden 1973, S. 110

DIREKTES OBJEKT als Inkorporation   151

Die Beispiele (150)-(154) erläutern diese Unterschiede zwischen den beiden Sprachen:

(150)   Hij zei dat meneer Schoenmaker vorige maand naar
        Zurich was gevlogen.
(151)   Er sagte, Herr Schuhmacher sei letzten Monat nach
        Zürich geflogen.

In (150) und (151) ist die Rede von einem Zeitpunkt, an dem die gemachte Aussage vergangen und abgeschlossen ist. In (150) wird somit die Kategorie (v) als Plusquamperfekt subkategorisiert; in (151) wird die (vp) als Konjunktiv von sein mit dem 2. Partizip subkategorisiert.

(152)   De dokter beloofde de patient dat hij spoedig terug
        zou komen.
(153)   Der Arzt versprach dem Patienten, er käme bald zurück.

Die beiden Sätze (152) und (153) beziehen sich auf etwas, das noch nicht angefangen hat. Die (vp) wird daher in (152) als eine Form von zullen mit Infinitiv subkategorisiert, während die (vp) in (153) als Konjunktiv spezifiziert wird.

Für Sätze wie (152) und (153) gilt, dass das Deutsche fakultativ eine unabhängige indirekte Rede verwendet; dies wäre im Niederländischen unmöglich:

(154) *De dokter beloofde de patient hij zou spoedig
        terugkomen.

Die Inkorporation des DIREKTEN OBJEKTS mit direkter oder indirekter Rede wird wie in (155) beschrieben:

(155a) Inkorporation des DIREKTEN OBJEKTS mit direkter Rede
        im Niederländischen und im Deutschen:

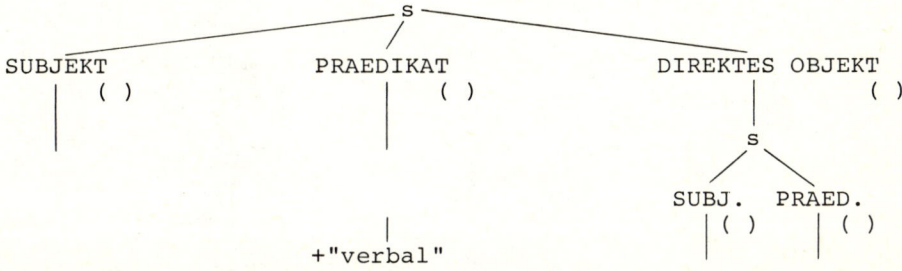

152 Funktionale kontrastive Beschreibungen

(155b) Inkorporation des DIREKTEN OBJEKTS mit indirekter Rede:

(a) Niederländisch:

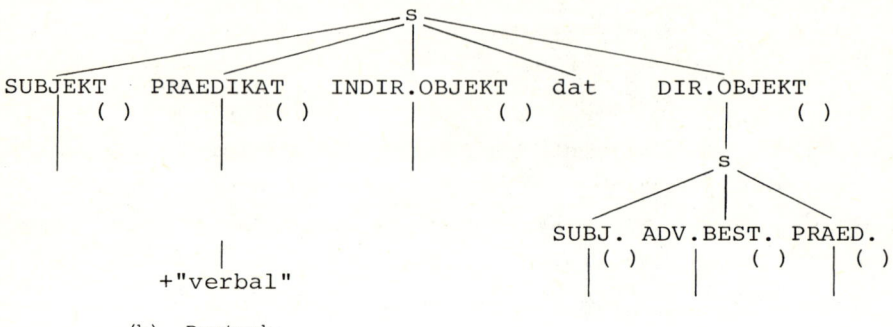

(b) Deutsch:

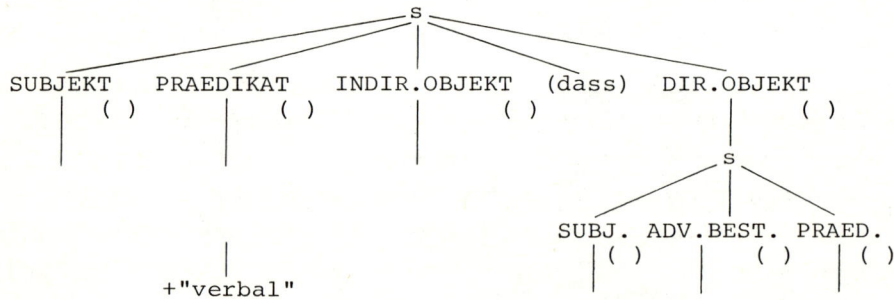

b. Konjunktion ohne Bindewort

Auch in Kombination mit nicht-verbalen Verben kann im Deutschen das DIREKTE OBJEKT als Satz ohne Bindewort inkorporiert werden. Eine solche Konstruktion ähnelt der direkten Rede bei verbalen Verben. Im Niederländischen ist eine solche Inkorporation jedoch nicht möglich:

(156) *Hij zag in zijn opmerking was overbodig.
(157) Er sah ein, seine Bemerkung war überflüssig.

c. dat-Konjunktion

In non-medialen Sätzen sind die systeminhärenten Funktionen AGENS und PATIENS impliziert. Sind solche Sätze aktiv, so tritt die Funktion PATIENS im Niederländischen und im Deutschen als DIREKTES OBJEKT entweder fakultativ oder obligat auf. Die Inkorporation letzterer Funktion trifft man in (158) und (159) an:

(158) We hebben afgesproken dat we in september op vakantie gaan.
(159) Wir haben abgemacht, dass wir im September in die Ferien gehen.

Nur unter bestimmten Bedingungen kann die Funktion DIREKTES OBJEKT als Inkorporation mit dat-Konjunktion auftreten. Diese Bedingungen werden in einer funktionalen Syntax durch die inhärenten, strikten und selektionalen Subkategorisierungen der Funktionen SUBJEKT, PRAEDIKAT und DIREKTES OBJEKT spezifiziert.

So ist weder im Deutschen noch im Niederländischen eine Inkorporation des DIREKTEN OBJEKTS mit dat-Konjunktion möglich, wenn das SUBJEKT u.a. als + "Lebewesen", das PRAEDIKAT u.a. als + "erzeugen" und das OBJEKT u.a. + "Gegenstand" spezifiziert wird:

(160) Der Zimmermann baut einen Stall.
(161) *Der Zimmermann baut, das der Bauer braucht.
(162) *De timmerman bouwt dat de boer nodig heeft.

Auf S. 70 wurde bereits auf die Probleme der Spezifikation der Endterme hingewiesen. Die nun folgenden Beispiele (163)-(168) beanspruchen diesbezüglich keine Vollständigkeit.

Im Niederländischen wie im Deutschen ist eine Inkorporation des DIREKTEN OBJEKTS mit dat-Konjunktion u.a. möglich, wenn (i) die Funktion SUBJEKT als + "Lebewesen" spezifiziert wird, (ii) der PROZESS als + "sinnlich", + "intellektuell" oder + "psychisch" und (iii) das PATIENS als + "verbale

Vorstellung", + "Handlung", + "Ereignis", + "Fakt" oder + "Zustand" spezifiziert wird[1]. (163) und (164) haben ein PRAEDIKAT, das als + "verbale Aktivität" spezifiziert wird:

(163) Hij vertelde dat de hond hem had gebeten.
(164) Er erzählte, dass der Hund ihn gebissen hatte.

Auch Sätze wie (165) und (166) implizieren u.a. eine verbale Aktivität des SUBJEKTS:

(165) Hij bewees dat hij gelijk had.
(166) Er bewies, dass er recht hatte.

Schwierig ist die Spezifikation der Endterme, wenn es sich um Aeusserungen des SUBJEKTS handelt, die zusammen mit bestimmten anderen Handlungen oder psychischen Aktionen oder daraus entstehen:

(167) Zij spraken af dat zij samen naar Spanje zouden gaan.
(168) Sie machten ab, dass sie zusammen nach Spanien gehen würden.

Inkorporationen des DIREKTEN OBJEKTS mit <u>dat</u>-Konjunktion sind ebenfalls in beiden Sprachen möglich, wenn das PRAEDIKAT als eine bestimmte intellektuelle Aktivität wie + "sich überlegen", + "denken" usw. spezifiziert werden kann[2]:

(169) Ik denk dat we het volgende week druk hebben.
(170) Ich denke, dass wir nächste Woche beschäftigt sind.

Abhängig von der Subkategorisierung des SUBJEKTS und des PRAEDIKATS weisen solche Sätze spezifische modale Merkmale auf, welche im Deutschen als Konjunktiv, im Niederländischen mittels einer Form von <u>zullen</u> oder des Präteritums der Kategorie (v) realisiert werden:

(171) Ik dacht dat u op de hoogte was.
(172) Ich dachte, dass Sie auf dem laufenden wären.

---

[1] Vgl. Van Es Bd 46 (1975), S. 65f
[2] Van Es Bd 46 (1975), S. 73

In den Beispielen (173) und (174) fehlt der verbale Charakter des PRAEDIKATS; auch hier unterscheiden sich das Deutsche und das Niederländische voneinander in der Spezifikation der interpersonalen Funktion:

(173) Hij hoopte dat ze een interessante reis zouden maken.
(174) Er hoffte, dass sie eine interessante Reise machen würden.

Bei <u>finden</u> mit inkorporiertem DIREKTEM OBJEKT unterscheiden sich die zwei Sprachen ebenfalls bezüglich des Modus:

(175) Ik vind dat hij moet komen.
(176) Ich finde, dass er kommen müsste.

Sowohl im Niederländischen als auch im Deutschen ist eine Inkorporation des DIREKTEN OBJEKTS mit <u>dat</u>-Konjunktion möglich, wenn das PRAEDIKAT spezifiziert werden kann als + "bemerken", + "wahrnehmen" usw.:

(177) Hij merkte dat zij weinig zin had om uit te gaan.
(178) Er merkte, dass sie wenig Lust hatte auszugehen.

Auch ein PRAEDIKAT, das das Verb <u>begegnen</u> enthält, kann in bestimmten unabhängigen linguistischen Ausdrücken als + "wahrnehmen" spezifiziert werden. Im Niederländischen impliziert dieses Verb in non-medialen Sätzen ein DIREKTES OBJEKT, im Deutschen ein INDIREKTES OBJEKT. Aus diesem Grund ist (179) eine Inkorporation des DIREKTEN OBJEKTS; die Inkorporation in (180) ist jedoch unmöglich:

(179) Zelden komen we in de natuur tegen dat leden van dezelfde soort elkaar vernietigen.
(180) *Selten begegnen wir in der Natur, dass Mitglieder der gleichen Art einander vernichten.

Wenn das PRAEDIKAT als + "psychische Reaktion" spezifiziert werden kann, ist eine Inkorporation des DIREKTEN OBJEKTS in beiden Sprachen möglich:

(181) Ik geef toe dat je gelijk hebt.
(182) Ich gebe zu, dass du recht hast.

Auch bei dem niederländischen Ausdruck <u>laat staan</u> und seinem
deutschen Aequivalent <u>geschweige denn</u> ist die Inkorporation
des DIREKTEN OBJEKTS mit <u>dat</u>-Konjunktion möglich[1]:

(183) We mogen ons als gasten niet onbeleefd gedragen,
laat staan dat we het eten kritiseren.

(184) Wir dürfen uns als Gäste nicht unhöflich benehmen,
geschweige denn, dass wir das Essen kritisieren.

In Handlungssätzen mit einem PRAEDIKAT, das als + "zustande
bringen" spezifiziert wird, ist eine Inkorporation des
DIREKTEN OBJEKTS mit <u>dat</u>-Konjunktion nur in bestimmten Fällen
möglich:

(185) De advokaat bereikte dat het proces verdaagd werd.

(186) Der Anwalt erreichte, dass der Prozess vertagt wurde.

Manchmal ist in beiden Sprachen eine Inkorporation des DIREK-
TEN OBJEKTS mit <u>dat</u>-Konjunktion möglich, wenn das PRAEDIKAT
metaphorisch (vgl. S. 70) eine + "Besitz"-Relation zum
Ausdruck bringt:

(187) Mijn grootmoeder had liever niet dat alle klein-
kinderen tegelijk kwamen.

(188) Meine Grossmutter hatte es lieber nicht, dass alle
Enkelkinder gleichzeitig kamen.

Die Inkorporation des DIREKTEN OBJEKTS mit <u>dat</u>-Konjunktion
kann in der funktionalen Syntax wie in (189) beschrieben
werden:

---

[1] Van Es Bd 46 (1975), S. 81

(189) Inkorporation des DIREKTEN OBJEKTS mit dat-Konjunktion
im Niederländischen und im Deutschen

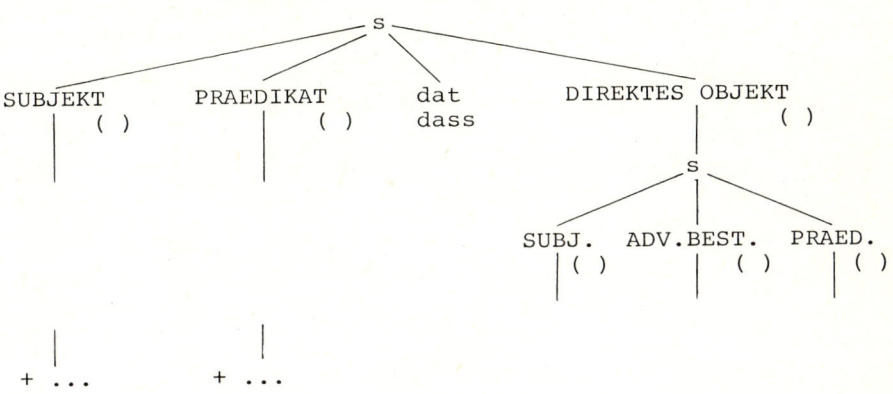

d. of-Konjunktion

Inkorporation des DIREKTEN OBJEKTS mit of-Konjunktion kommt sowohl im Niederländischen als auch im Deutschen vor, wenn das PRAEDIKAT u.a. als + "verbale Aktivität" und als + "Zweifel" spezifiziert wird:

(190) De leraar vroeg zich af of hij het probleem goed had uitgelegd.
(191) Der Lehrer fragte sich, ob er das Problem gut erklärt hatte.

Die Kategorie Verben, die als + "wahrnehmen" zu spezifizieren sind, können auch Zweifel implizieren bei Inkorporation mit of:

(192) Ik zal kijken of er iemand aanwezig is.
(193) Ich werde schauen, ob jemand anwesend ist.

Die Inkorporation des DIREKTEN OBJEKTS mit of-Konjunktion kann nun wie in (194) beschrieben werden:

158 Funktionale kontrastive Beschreibungen

(194)   Inkorporation des DIREKTEN OBJEKTS mit of-Konjunktion
        im Niederländischen und im Deutschen:

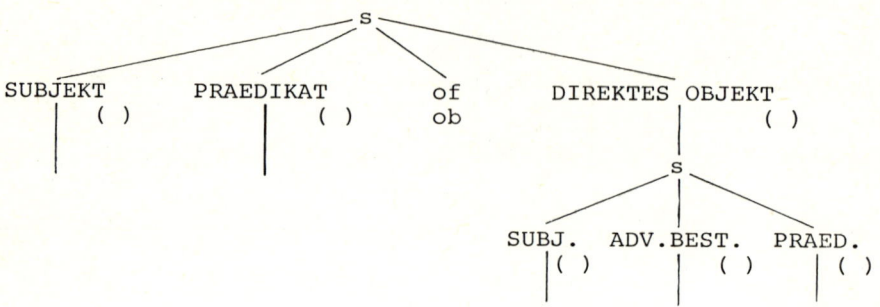

e. W-Konjunktion

Im Niederländischen und im Deutschen tritt die Inkorporation des DIREKTEN OBJEKTS mit W-Konjunktion vor allem auf in Mentalprozesssätzen mit einem PROCESSOR, der als + "Lebewesen" spezifiziert wird, und einem PHENOMENON, das das "Bewusstsein anregt" (+ "Wahrnehmung") usw.:

(195)   We weten niet wat er aan de hand is.
(196)   Wir wissen nicht, was los ist.

In (197) und (198) ist die W-Konstituente selbst DIREKTES OBJEKT innerhalb der Inkorporation; im Deutschen wird dies durch die Subkategorisierung eindeutig zum Ausdruck gebracht:

(197)   Ik weet niet wie hij bedoelt.
(198)   Ich weiss nicht, wen er meint.

Die Beschreibung der Inkorporation des DIREKTEN OBJEKTS mit W-Konjunktion kann wie in (199) aussehen:

(199) Inkorporation des DIREKTEN OBJEKTS mit W-Konjunktion
im Niederländischen und im Deutschen:

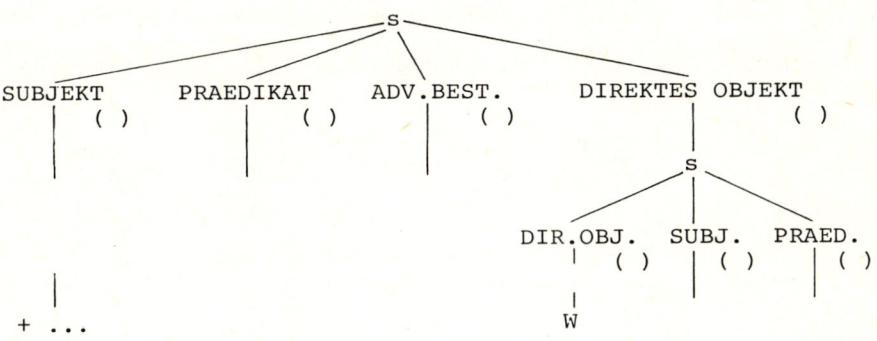

6.9. Das PRAEPOSITIONALOBJEKT als Inkorporation

Man kann eine Funktion PRAEPOSITIONALOBJEKT unterscheiden, wenn das PRAEDIKAT ein substantivisches Komplement mit einer stereotypen Präposition braucht[1]. Die funktionale Syntax definiert diese Funktion horizontal durch die systeminhärenten Funktionen und vertikal durch die weitere Subkategorisierung nach unten.

a. dat-Konjunktion

Für beide Sprachen gilt, dass die Inkorporation des PRAEPOSITIONALOBJEKTS in Relationssätzen in Kombination mit einem FORMPRAEPOSITIONALOBJEKT vorkommen kann:

(200) Zij verheugde zich erop dat zij vakantie kreeg.
(201) Sie freute sich darüber, dass sie Ferien bekam.

Die funktionale Syntax beschreibt diese Inkorporation wie in (202):

---

[1] Diese Umschreibung sollte nicht als Definition aufgefasst werden; für die Methode, strukturelle Funktionen zu unterscheiden, vgl. Diks Kriterium, erwähnt auf S. 51.

160   Funktionale kontrastive Beschreibungen

(202)   Inkorporation des PRAEPOSITIONALOBJEKTS mit dat-Konjunktion
        im Niederländischen und im Deutschen:

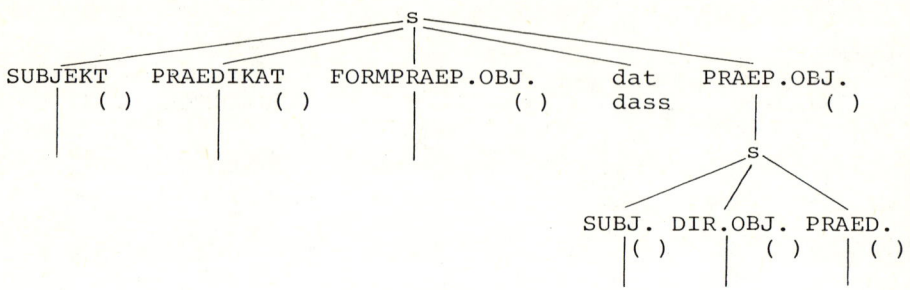

b. of-Konjunktion

Die Konjunktion mit of impliziert auch bei der Inkorporation des PRAEPOSITIONALOBJEKTS eine Spezifikation
+ "Zweifel" :

(203)   Het hangt ervan af of hij toestemming geeft.
(204)   Es hängt davon ab, ob er die Bewilligung gibt.

Die Inkorporation des PRAEPOSITIONALOBJEKTS mit of-Konjunktion kann somit wie in (205) beschrieben werden:

(205)   Inkorporation des PRAEPOSITIONALOBJEKTS mit of-Konjunktion
        im Niederländischen und im Deutschen:

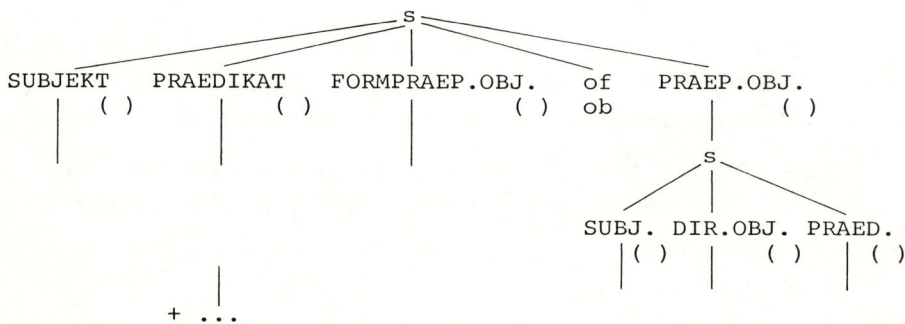

c. W-Konjunktion

Sowohl im Niederländischen als auch im Deutschen tritt die Inkorporation des PRAEPOSITIONALOBJEKTS mit W-Konjunktion fakultativ mit einem FORMPRAEPOSITIONALOBJEKT auf:

(206) Zij spraken er gisteren over wie zoiets gezien had.
(207) Sie sprachen gestern darüber, wer so etwas gesehen haben könnte.

Wenn diese Inkorporation in der Anfangsstellung steht, ist im Niederländischen eine W-Konjunktion möglich; das Deutsche kennt hier eine dat-Konjunktion:

(208) Aan wat de voorzitter gezegd heeft, kan ik niets afdoen.
(209) An dem, was der Vorsitzende gesagt hat, habe ich nichts auszusetzen.

Am Schluss dieses Abschnittes muss noch kurz auf den Unterschied zwischen Subkategorisierungen wie aan wie und waaraan hingewiesen werden. Aan wie gebraucht man als FORMPRAEPOSITIONALOBJEKT, wenn + "menschlich" impliziert ist, während waaraan als + "leblos" oder + "Tier" spezifiziert wird. Im übrigen werden diese Unterschiede nur noch zum Teil in der Umgangssprache berücksichtigt. Die Sätze (210) und (211) zeigen die erwähnten Unterschiede:

(210) We dachten aan wie hier ontbrak.
(211) We dachten eraan wat ons ontbrak.

Aehnliche Unterschiede sind im Deutschen vorhanden. Fakultativ kommt ausserdem im Deutschen in solchen Fällen eine Subkategorisierung als Präposition mit Pronomen vor, wenn + "leblos" impliziert wird. Duden 1973 zitiert diesbezüglich Fontane[1]:

---

[1] Duden 1973, S. 315

(212) Neben dem Zaun aber, in gleicher Linie mit ihm, stand eine grüngestrichene Bank.

(213) stellt eine funktionale Beschreibung der Inkorporation des PRAEPOSITIONALOBJEKTS mit W-Konjunktion dar:

(213) Inkorporation des PRAEPOSITIONALOBJEKTS mit W-Konjunktion im Niederländischen und im Deutschen:

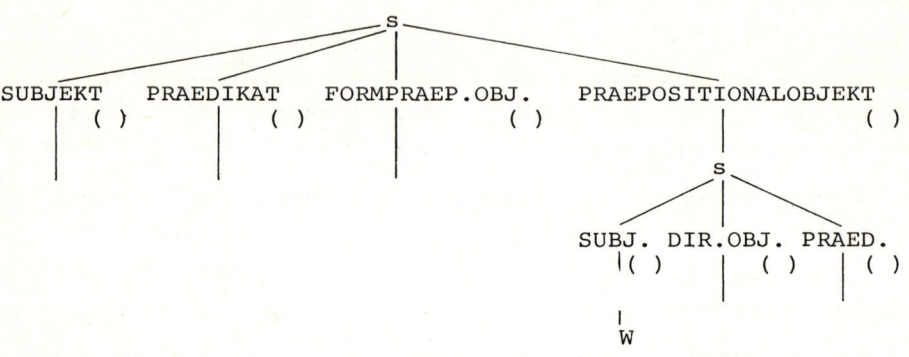

6.10. Das ATTRIBUT als Inkorporation

a. dat-Konjunktion

Im Niederländischen wie im Deutschen kommt die Inkorporation des ATTRIBUTS mit dat-Konjunktion vor:

(214) Ik ben van mening dat we nu maatregelen moeten treffen.

(215) Ich bin der Meinung, dass wir jetzt Massregeln treffen müssen.

In solchen Fällen expliziert die Inkorporation den verbalen Aspekt des PRAEDIKATS, z.B. "der Meinung sein".

Im Niederländischen ist ausserdem bei der Inkorporation des ATTRIBUTS eine dat-Konjunktion möglich, wenn temporale Aspekte realisiert werden; das Deutsche verwendet hier als:

(216) In de week dat ik op Aruba was, heb ik veel gezwommen.

(217) In der Woche, als ich auf Aruba war, habe ich viel geschwommen.

ATTRIBUT als Inkorporation 163

Die Inkorporation des ATTRIBUTS mit dat-Konjunktion kann
wie in (218) beschrieben werden:

(218) Inkorporation des ATTRIBUTS mit dat-Konjunktion
       im Niederländischen und im Deutschen:

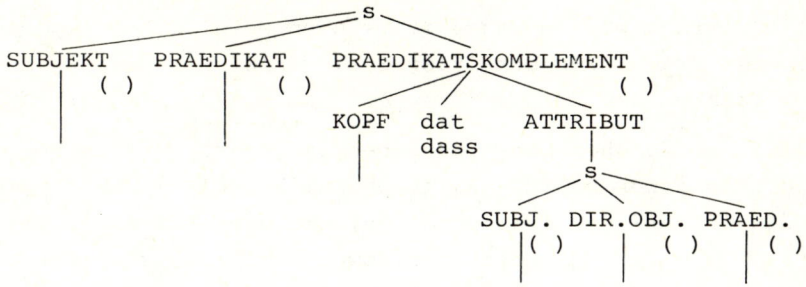

b. of-Konjunktion

In beiden Sprachen wird der modale Aspekt "Zweifel" durch
die of-Konjunktion bei der Inkorporation des ATTRIBUTS
ausgedrückt:

(219) De vraag of zijn opvatting klopt, zullen we niet
       beantwoorden.
(220) Die Frage, ob seine Auffassung stimmt, werden wir
       nicht beantworten.

Diese Inkorporation kann wie in (221) beschrieben werden:

(221) Inkorporation des ATTRIBUTS mit of-Konjunktion
       im Niederländischen und im Deutschen:

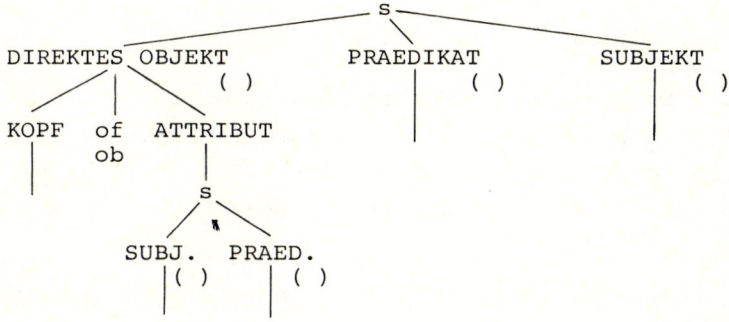

c. W-Konjunktion

Bei der Inkorporation des ATTRIBUTS mit W-Konjunktion kommen auch modale Aspekte wie "Zweifel" zum Ausdruck:

(222) De vraag wie de dader is, kunnen we niet beantwoorden.
(223) Die Frage, wer der Täter ist, können wir nicht beantworten.

Auffällig in solchen Konstruktionen ist, dass nur das Bezugswort in einer PATIENS-Relation zum PRAEDIKAT steht, nicht aber das SUBJEKT der Inkorporation, wie dies bei einer Inkorporation mit einem Relativpronomen (vgl. 225-226) der Fall sein kann. Die Inkorporation mit W-Konjunktion kann wie in (224) beschrieben werden:

(224) Inkorporation des ATTRIBUTS mit W-Konjunktion
       im Niederländischen und im Deutschen:

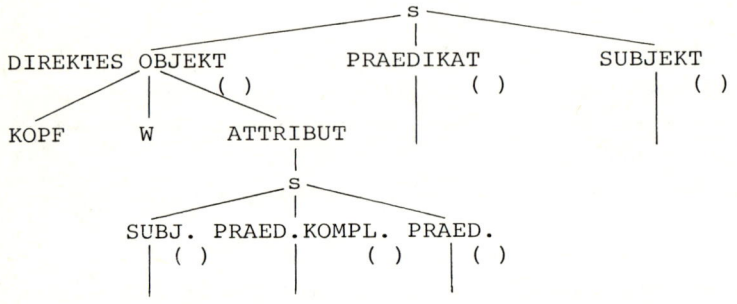

d. Konjunktion mit Relativpronomen

Im Gegensatz zu den oben erwähnten Beispielen spezifiziert das Relativpronomen sowohl eine strukturelle Funktion als auch eine systeminhärente Funktion. In (225) und (226) erfüllen die Relativpronomina die Funktionen OBJEKT und PATIENS:

(225) De vraag die hij stelde, konden we niet beantwoorden.
(226) Die Frage, die er stellte, konnten wir nicht beantworten.

Für die Subkategorisierung des Relativpronomens im Niederländischen gelten folgende Regeln: Wenn das Bezugswort ein Substantiv (neutrum) ist und wenn das Relativpronomen die Funktion SUBJEKT oder DIREKTES OBJEKT erfüllt, wird <u>dat</u> gebraucht. Wenn das Bezugswort aber nicht (neutrum) ist oder wenn es (plural) ist, so wird <u>die</u> verwendet:

(227) Van Gogh is een expressionistische schilder die ik bewonder.
(228) Van Gogh ist ein expressionistischer Maler, den ich bewundere.
(229) Dat is het huis dat te huur is.
(230) Das ist das Haus, das zu vermieten ist.

In der niederländischen Umgangssprache kommen Formen wie <u>hetwelk</u> usw. kaum mehr vor.

Wenn das Relativpronomen weder SUBJEKT noch DIREKTES OBJEKT ist, sondern eine andere Funktion erfüllt, entsteht in der Subkategorisierung eine Form, die mit dem Interrogativpronomen übereinstimmt für den Fall, dass + "Mensch" impliziert ist. In den übrigen Fällen ergibt sich eine Form, die dem lokativen interrogativen Adverb entspricht. Meistens treten solche Pronomina in Kombination mit einer Präposition auf:

(231) De stoel waarop hij zat, was antiek.
(232) Der Stuhl, auf dem er sass, war antik.
(233) De tante, aan wie ik een brief heb geschreven, is ziek.
(234) Die Tante, der ich einen Brief geschrieben haben, ist krank.

Genitivformen wie <u>wiens</u> und <u>wier</u> sind im Niederländischen veraltet. Die Subkategorisierung des Relativpronomens als <u>welk(e)</u> kommt hauptsächlich bei selbständigem Gebrauch vor oder wenn Abwechslung im Satz gewünscht wird. Auch im Deutschen besteht diese Möglichkeit:

(235) Hij vermeed die fouten die hij de vorige keer had gemaakt.
(236) Hij vermeed die fouten welke hij de vorige keer had gemaakt.

(237) Er vermied die Fehler, die er das letzte Mal
      gemacht hatte.
(238) Er vermied die Fehler, welche er das letzte Mal
      gemacht hatte.

Das Relativpronomen kann als <u>wat</u> oder <u>dat</u> spezifiziert werden, wenn das Bezugswort ein unbestimmtes Pronomen ist. Das Deutsche kennt als Aequivalent <u>was</u>:

(239) Dat is iets dat me bevalt.
(240) Dat is iets wat me bevalt.
(241) Das ist etwas, was mir gefällt.

Mit <u>alles</u> als Bezugswort hingegen kommt <u>dat</u> nicht vor:

(242) *Niet alles dat je me gezegd hebt, geloof ik.
(243) Niet alles wat je me gezegd hebt, geloof ik.
(244) Nicht alles, was du gesagt hast, glaube ich.

Sowohl im Niederländischen als auch im Deutschen können die Inkorporationen des ATTRIBUTS "restriktiv" oder "frei" sein. Beim Unterscheiden zwischen restriktiv und frei spielen die Eigenschaften des unabhängigen linguistischen Ausdrucks, in dem solche Inkorporationen auftreten, eine entscheidende Rolle. Die phonologische Komponente der funktionalen Syntax beschreibt die distinktiven Merkmale solcher Inkorporationen. In (245) und (246) ist die Rede von restriktiven Inkorporationen mit Betonung auf den unterstrichenen Teilen:

(245) De huizen die aan de <u>linkerkant</u> van de weg staan,
      zijn verhuurd.
(246) Die Wohnungen, die an der <u>linken</u> Seite vom Weg
      stehen, sind vermietet.

Die Inkorporation des ATTRIBUTS in (247) und (248) ist frei; sie wird durch die Betonung getrennt vom restlichen Satz[1]:

---

1 Die freie Inkorporation des ATTRIBUTS wird im Niederländischen oft zwischen Kommas gesetzt.

(247)   Het huis van mijn grootvader, dat in 1880 gebouwd
        werd, staat nu leeg.
(248)   Das Haus meines Grossvaters, das 1880 gebaut wurde,
        steht jetzt leer.

Es ist nicht möglich, die Kategorien restriktiv und frei
auf Grund der Merkmale der Inkorporation eindeutig zu unterscheiden. Einige Beispiele erläutern dies. So bezieht sich
in (249) und (250) die restriktive Inkorporation des ATTRIBUTS auf ein Bezugswort, das selbst bereits durch einen bestimmten Artikel restriktiv unterschieden wird; in (251)
und (252) ist dies der Fall mit einem Bezugswort, das durch
ein Demonstrativpronomen eingeschränkt wird:

(249)   Hij bracht me het boek dat ik graag wilde lezen.
(250)   Er brachte mir das Buch, das ich gerne lesen möchte.
(251)   Die studenten die examen willen doen, moeten zich
        nu aanmelden.
(252)   Jene Studenten, die die Prüfung ablegen möchten,
        müssen sich jetzt anmelden.

Dass aber die restriktive Inkorporation nicht vollständig
abhängt von der Spezifikation des Bezugswortes, geht aus
den Beispielen (253)-(256) hervor; in (253) und (254) kommt
das Bezugswort mit einem bestimmten Artikel vor und in (255)
und (256) mit einem Demonstrativpronomen. Dennoch können die
Inkorporationen des ATTRIBUTS in diesen Beispielen als frei
interpretiert werden:

(253)   Mijn oom liep naar de auto, die hij net had gekocht.
(254)   Mein Onkel ging zum Auto, das er gerade gekauft hatte.
(255)   Al dat werk, dat je als boekhouder moet doen, bevalt
        me niet.
(256)   Die ganze Arbeit, die man als Buchhalter tun muss,
        gefällt mir nicht.

Offenbar spielt der Kontext der unabhängigen linguistischen
Struktur, in der die Inkorporationen des ATTRIBUTS auftreten,
eine entscheidende Rolle bei Unterscheidungen wie frei und
restriktiv.

Kleinere Unterschiede zwischen dem Niederländischen und dem Deutschen zeigen sich bei Inkorporationen des ATTRIBUTS, wenn das Bezugswort ein selbständig gebrauchtes Personalpronomen ist. In beiden Sprachen sind solche Inkorporationen frei, wenn sie sich auf Personalpronomina der 1. oder 2. Person beziehen. Da bekannt ist, wer mit <u>ich</u>, <u>ik</u> und <u>du</u>, <u>jij</u> bezeichnet wird, erübrigt sich eine nähere Bestimmung durch die Inkorporation des ATTRIBUTS. Personalpronomina der 3. Person jedoch werden in den beiden Sprachen unterschiedlich spezifiziert, wenn eine restriktive Inkorporation des ATTRIBUTS folgt und keine bestimmte Person gemeint ist:

(257) Hij die zich niet aan deze regels houdt, is een spelbreker.

(258) *Er, der diese Regeln nicht befolgt, ist ein Spielverderber.

(259) Derjenige, der diese Regeln nicht befolgt, ist ein Spielverderber.

Als nicht betonte Variante ist im Niederländischen ausserdem (260) möglich:

(260) Degene die zich niet aan deze regels houdt, is een spelbreker.

Die Inkorporation des ATTRIBUTS mit Relativpronomen kann wie in (261) beschrieben werden:

(261) Inkorporation des ATTRIBUTS mit Relativpronomen im Niederländischen und im Deutschen:

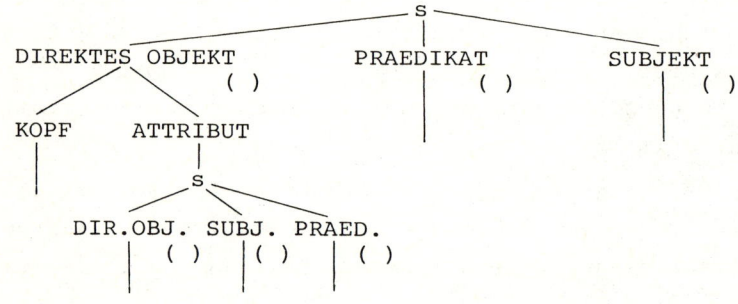

6.11. Die ADVERBIALBESTIMMUNG als Inkorporation

a. Konjunktion ohne Bindewort

In Sätzen wie (262) und (263) werden die interpersonalen Eigenschaften in der Subkategorisierung der (vp) begründet. Dazu wird im Niederländischen die Kategorie (v) als Präteritum subkategorisiert oder eine Form von <u>zullen</u> verwendet, während das Deutsche in solchen Sätzen einen Konjunktiv kennt. Sind im Deutschen Konstruktionen ohne Bindewort (wie 263) möglich, so ist im Niederländischen <u>dan</u> obligat:

(262) Kwam hij onmiddellijk, dan zouden we kunnen vertrekken.
(263) Käme er sofort, könnten wir abreisen.
(264) *Kwam hij onmiddellijk, zouden we kunnen vertrekken.

Im übrigen tritt in solchen Konstruktionen <u>so</u> im Deutschen fakultativ auf.

In beiden Sprachen ist eine Konstruktion ohne Bindewort möglich, wenn die inkorporierte ADVERBIALBESTIMMUNG als + "konzessiv" spezifiziert werden kann:

(265) Heeft onze club dit jaar slecht gespeeld, volgend
       jaar zal het beter gaan.
(266) Hat unser Klub dieses Jahr schlecht gespielt, wird
       es nächstes Jahr besser gehen.

Eine solche Inkorporation kann wie in (267) beschrieben werden:

(267) Inkorporation der ADVERBIALBESTIMMUNG ohne Bindewort
       im Niederländischen und im Deutschen:

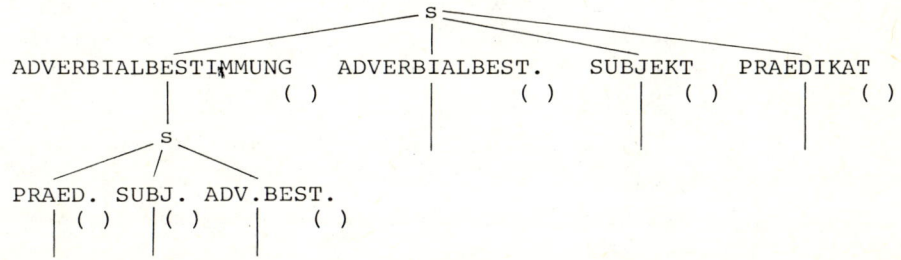

Andere Arten inkorporierter ADVERBIALBESTIMMUNGEN, die als
+ "konzessiv" zu spezifizieren sind, werden unter (c) und
(d) besprochen.

b. dat-Konjunktion

Spezifisch niederländisch scheint die Inkorporation der
ADVERBIALBESTIMMUNG mit dat in einer Konstruktion wie (268)
zu sein. In solchen Konstruktionen wird die Inkorporation
als + "Quantität" spezifiziert:

(268)   Het vriest dat het kraakt.

In beiden Sprachen ist eine Inkorporation der ADVERBIALBE-
STIMMUNG mit dat-Konjunktion geläufig, wenn sie als + "kausal" spezifiziert wird:

(269)   Hij kon wel huilen dat hij weer pech met zijn auto
        had.
(270)   Er könnte weinen, dass er wieder Pech mit seinem
        Auto hatte.

Auch Inkorporationen der ADVERBIALBESTIMMUNG mit anderen
Konjunktionen können als + "kausal" spezifiziert werden.
Dies gilt u.a. für omdat und weil (271, 272), daar resp.
aangezien und da (273, 274), te meer omdat und zumal (da)
(275, 276), ferner für doordat mit seinem deutschen Aequivalent dadurch, dass (277, 278):

(271)   Hij ging naar de film omdat hij zich verveelde.
(272)   Er ging ins Kino, weil er sich langweilte.
(273)   Daar het regende, ging hij niet uit.
(274)   Da es regnete, ging er nicht aus.
(275)   Hij moest het toegeven, te meer omdat hij door zijn
        vader gezien was.
(276)   Er musste es zugeben, zumal er von seinem Vater
        gesehen wurde.
(277)   Dat het vliegtuig niet kon landen kwam doordat het
        mistig was.
(278)   Dass das Flugzeug nicht landen konnte, kam dadurch,
        dass es neblig war.

Im Deutschen können Inkorporationen der ADVERBIALBESTIMMUNG mit <u>nachdem</u> und <u>wo</u> auch als + "kausal" spezifiziert werden. Eine solche Spezifikation des niederländischen <u>nadat</u> (<u>nachdem</u>) ist nicht möglich, während es umstritten ist, ob eine kausale Spezifikation von <u>waar</u> (<u>wo</u>) akzeptabel wäre:

(279) *Nadat de nieuwe wet wordt toegepast, moeten we maatregelen treffen.[1]

(280) Nachdem das neue Gesetz angewendet wird, müssen wir Massnahmen treffen.

(281) ?Waar hij zo weinig belangstelling toont, moet men hem deze studie afraden.

(282) Wo er doch so wenig Interesse zeigt, sollte man ihm von diesem Studium abraten.

Inkorporationen mit <u>nu</u> und <u>nun, da</u> können in beiden Sprachen als + "kausal" spezifiziert werden:

(283) Nu ik deze argumenten gehoord heb, denk ik anders over deze zaak.

(284) Nun, da ich diese Argumente gehört habe, denke ich anders über diese Sache.

Finale Konstruktionen der inkorporierten ADVERBIALBESTIMMUNG kommen im Niederländischen selten mit <u>dat</u> vor. In der Umgangssprache kann <u>zodat</u> (<u>damit</u>) in finalen Inkorporationen auftreten, seltener <u>opdat</u> (<u>damit, auf dass</u>). Das Deutsche verlangt in solchen Inkorporationen eine Subkategorisierung der (vp) als Konjunktiv I:

(285) Hij kocht een automaat zodat hij niet hoefde te schakelen.

(286) Er kaufte einen Automaten, damit er nicht zu schalten brauchte.

In (287) wird die Inkorporation der ADVERBIALBESTIMMUNG mit <u>dat</u> als + "restriktiv" spezifiziert. Das Deutsche verwendet in solchen Fällen eine W-Konjunktion:

(287) Niemand heeft wat gezegd, dat ik weet.
(288) Keiner hat etwas gesagt, wie ich weiss.

---

[1] Dieser Satz ist ungrammatikalisch, wenn <u>nadat</u> als <u>daar</u> aufgefasst wird (vgl. 280).

Restriktive Inkorporationen der ADVERBIALBESTIMMUNG können ausserdem anfangen mit (voor)zover (insofern, insoweit) oder wat betreft (was betrifft):

(289) Voorzover ik het kan beoordelen, is het krediet voor de bibliotheek niet voldoende.

(290) Insofern ich es beurteilen kann, reicht der Kredit für die Bibliothek nicht aus.

Eine temporale Spezifikation ergibt sich, wenn die inkorporierte ADVERBIALBESTIMMUNG mit zonder dat und ohne dass anfängt. Es handelt sich dann um das Fehlen von Simultanität in der Zeit:

(291) Zonder dat hij het geld ervoor had, kocht hij een nieuwe auto.

(292) Ohne dass er das Geld dafür hatte, kaufte er ein neues Auto.

In diesem Zusammenhang kann noch näher auf die temporale Spezifikation der inkorporierten ADVERBIALBESTIMMUNG eingegangen werden. Abgesehen von der oben erwähnten Simultanität (Gleichzeitigkeit) kann man Progression (Entwicklung in der Zeit) und Koinzidenz (Zusammentreffen in der Zeit) unterscheiden[1].

Simultanität wird u.a. zum Ausdruck gebracht, wenn die Inkorporation anfängt mit als, wanneer (wenn), toen resp. waar (als, da, wie resp. wo), terwijl (während, indessen), nu (nun), zo vaak (sooft) und zo lang (solange). In der Spezifikation von wenn muss aufgenommen werden, dass dieses Wort sich entweder auf einen einmaligen Vorgang in der Zukunft, auf einen wiederholten Vorgang in der Zukunft oder auf einen wiederholten Vorgang, der vom Standpunkt der Vergangenheit in der Zukunft lag, bezieht. Unter diesen Bedingungen entspricht das deutsche wenn dem niederländischen als. Das deutsche als bezieht sich auf einen einmaligen Vorgang in

---

1 Vgl. Van Es Bd 49 (1975), S. 221f

der Vergangenheit und entspricht dem niederländischen toen.
(293)-(296) stellen einige Beispiele dar von inkorporierten
ADVERBIALBESTIMMUNGEN, die als + "Simultanität" spezifiziert
werden:

(293) Iedere keer als hij parkeerde, maakte hij een deuk.
(294) Jedesmal, wenn er parkte, machte er eine Beule.
(295) Toen hij in de garage kwam, ontdekte hij dat zijn
       auto gestolen was.
(296) Als er in die Garage kam, entdeckte er, dass sein
       Auto gestohlen worden war.

Die inkorporierte ADVERBIALBESTIMMUNG kann als + "Progression" spezifiziert werden, wenn sie mit als (wenn) oder toen (als) anfängt und wenn das (v) als Perfekt oder Plusquamperfekt subkategorisiert wird:

(297) Toen hij de grap gehoord had, begon hij te lachen.
(298) Als er den Witz gehört hatte, fing er an zu lachen.
(299) Toen zij de prospectus gezien had, wilde zij
       onmiddellijk op vakantie gaan.
(300) Als sie den Prospekt gesehen hatte, wollte sie sofort
       in die Ferien fahren.

Inkorporationen mit sinds, sedert (seitdem) und nadat (nachdem) werden als + "progression; prospektiv"[1] spezifiziert, während tot dat (bis) und zodra (sobald) als + "Koinzidenz" eingestuft werden können.

Die Inkorporation der ADVERBIALBESTIMMUNG mit dat-Konjunktion kann in einer funktionalen Syntax wie in (301) beschrieben werden:

Vgl. Van Es Bd 47 (1975), S. 126f

(301) Inkorporation der ADVERBIALBESTIMMUNG mit dat-Konjunktion im Niederländischen und im Deutschen:

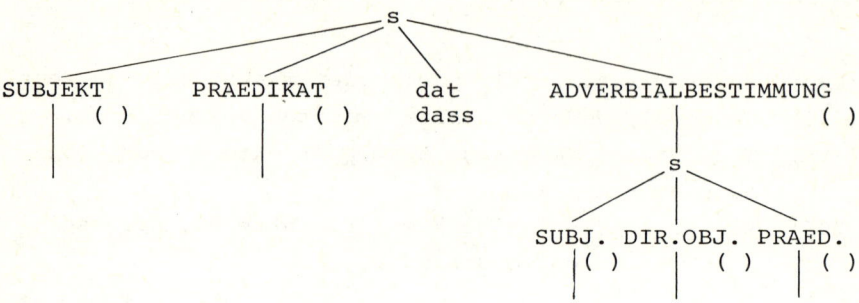

c. of-Konjunktion

Es sind einige Unterschiede festzustellen zwischen niederländischen Inkorporationen der ADVERBIALBESTIMMUNG mit of und deutschen Aequivalenten. Temporale Aspekte können im Niederländischen durch eine Inkorporation mit of, im Deutschen mit als ausgedrückt werden:

(302) Nauwelijks was hij in het restaurant of hij riep de ober.

(303) Er war kaum im Restaurant, als er den Ober rief.

Im Deutschen können temporale Aspekte, die als + "Progression" spezifiziert werden, durch da oder so ausgedrückt werden, während das Niederländische hier of verwendet:

(304) Nauwelijks had hij de hond gezien of hij liep op hem af.

(305) Kaum hatte er den Hund gesehen, da ging er auf ihn zu.

(306) Kaum hatte er den Hund gesehen, so ging er auf ihn zu.

In (307) und (308) ist ebenfalls die Rede von temporalen Aspekten; sie werden als + "Simultanität" spezifiziert. Das

ADVERBIALBESTIMMUNG als Inkorporation   175

Deutsche verwendet hier <u>ohne dass</u> als Aequivalent zum niederländischen <u>of</u>:

(307) Hij kan niet wat vertellen of hij begint over geld
       te praten.
(308) Er kann nicht etwas erzählen, ohne dass er über Geld
       spricht.

Eine Spezifikation der temporalen Aspekte als + "Progession" gilt für (309). In solchen Sätzen verwendet das Deutsche <u>und</u> als Aequivalent für das niederländische <u>of</u>:

(309) Nauwelijks hebben we het probleem opgelost of er zijn
       nieuwe moeilijkheden.
(310) Kaum haben wir das Problem gelöst, und es treten neue
       Schwierigkeiten auf.

Eine ähnliche Spezifikation gilt für (311)-(313). In negativen Sätzen verwendet das Deutsche <u>wenn nicht</u> oder <u>es sei denn, dass</u> als Aequivalent zum niederländischen <u>of</u>:

(311) Ik kan het niet geloven of ik moet het zelf zien.
(312) Ich kann es nicht glauben, wenn ich es nicht selbst
       gesehen habe.
(313) Ich kann es nicht glauben, es sei denn, dass ich es
       selbst sehe.

Auch kausale Aspekte können im Niederländischen durch eine Inkorporation der ADVERBIALBESTIMMUNG mit <u>of</u> zum Ausdruck gebracht werden. Das Deutsche verwendet in solchen Fällen u.a. <u>als dass</u>:

(314) Het kan niet anders of hij moet op tijd komen.
(315) Es kann nicht anders sein, als dass er rechtzeitig
       kommt.

Die Inkorporation der ADVERBIALBESTIMMUNG mit <u>of</u> kann wie in (316) beschrieben werden:

(316) Inkorporation der ADVERBIALBESTIMMUNG mit of-Konjunktion:

(a) Niederländisch:

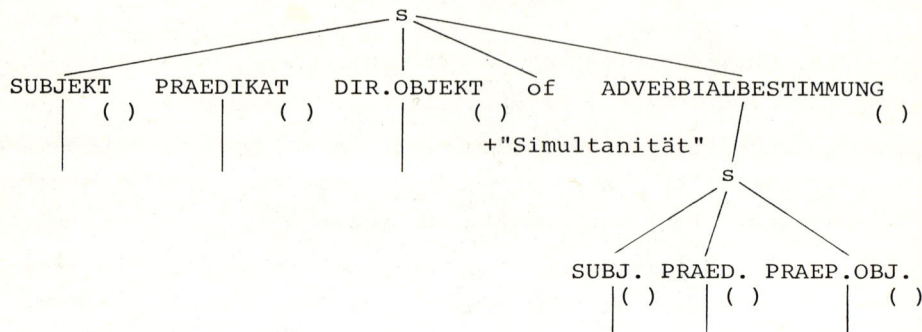

(b) Deutsch:

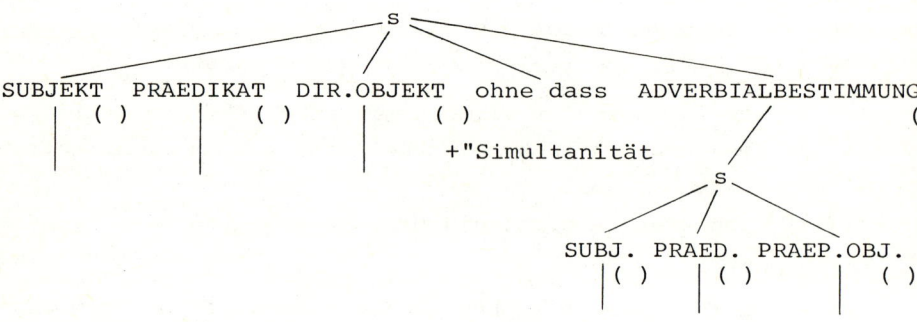

Bei einer Spezifikation + "konzessiv" ist im Niederländischen ebenfalls eine Inkorporation der ADVERBIALBESTIMMUNG mit of möglich. Das Deutsche kennt in solchen Fällen Konstruktionen mit wenn oder mit Konjunktiv:

(317) Het wordt een warme zomer of ik moest me vergissen.
(318) Es wird ein heisser Sommer, es sei denn, dass ich mich irre.
(319) Wat heb je eraan of je moeite doet, het helpt toch niet.
(320) Was nützt es dir schon, wenn du dir Mühe gibst, es hilft doch nicht.

Auch andere Inkorporationen der ADVERBIALBESTIMMUNG können
in den beiden Sprachen als + "konzessiv" spezifiziert werden.
Es handelt sich erstens um Inkorporationen mit W-Konjunktion:

(321)   Wat je bestelde, de ober bracht het.
(322)   Was man bestellte, der Ober brachte es.

Zweitens kann man eine Gruppe konzessiver Inkorporationen
unterscheiden, die im Deutschen eine (vp) besitzen, welche
fakultativ als Konjunktiv oder als Indikativ subkategorisiert wird; es betrifft Inkorporationen der ADVERBIALBESTIM-
MUNG mit ook (immer, gleich, auch):

(323)   Ook al doet hij zijn best, het zal hem niet lukken.
(324)   Strengt er sich auch an, es wird ihm nicht gelingen.

Eine dritte Gruppe inkorporierter ADVERBIALBESTIMMUNGEN mit
ofschoon, hoewel (obgleich, obschon, obwohl, wenn auch, wenn-
gleich, wennschon, wenn, wiewohl, ob auch, obzwar, trotzdem)
und niettegenstaande (ungeachtet) wird ebenfalls als + "konzessiv" spezifiziert, kommt jedoch im Deutschen nur mit Indikativ vor:

(325)   Hoewel er sneeuw in de tuin ligt, bloeien de krokussen.
(326)   Obschon Schnee im Garten liegt, blühen die Krokusse.

Für die niederländische inkorporierte ADVERBIALBESTIMMUNG
mit al, die auch als + "konzessiv" zu spezifizieren ist,
besteht im Deutschen keine äquivalente Konstruktion:

(327)   Al haastte hij zich, hij kwam toch te laat.
(328)   Auch wenn er sich beeilte, kam er doch zu spät.

d. als-Konjunktion

Inkorporierte ADVERBIALBESTIMMUNGEN mit als können u.a. als
+ "vergleichend" spezifiziert werden. In deutschen äquivalenten Konstruktionen wird wie verwendet:

(329)   Hij bezit zoveel land als zijn vader vroeger had.
(330)   Er besitzt so viel Land, wie sein Vater früher
        hatte.

In inkorporierten ADVERBIALBESTIMMUNGEN, die als + "vergleichend" spezifiziert sind, wird zoals im Niederländischen als Aequivalent des deutschen wie (vgl. 331 und 332) anaphorisch gebraucht. Wenn es im Niederländischen möglich ist, zoals zu trennen, kann im Deutschen so wie verwendet werden (vgl. 333 und 334):

(331) De leerling heeft de vraagstukken opgelost zoals de leraar het wilde.
(332) Der Schüler hat die Aufgaben gelöst, wie der Lehrer es wollte.
(333) Zo snel als de omstandigheden het toelieten, ging hij er vandoor.
(334) So schnell, wie die Umstände es zuliessen, machte er sich davon.

Wenn die Inkorporation als + "Komparativ" charakterisiert werden kann, tritt im Niederländischen dan (eventuell als) auf, im Deutschen als. Ausserdem wird als im Deutschen nach anders gebraucht.

(335) Het is verder dan ik gedacht had.
(336) ?Het is verder als ik gedacht had.
(337) Es ist weiter, als ich gedacht hatte.

Die inkorporierte ADVERBIALBESTIMMUNG mit als, die als + "vergleichend" spezifiziert wird, kann wie in (338) beschrieben werden:

(338) Inkorporation der ADVERBIALBESTIMMUNG mit als, + "vergleichend":

(a) Niederländisch:

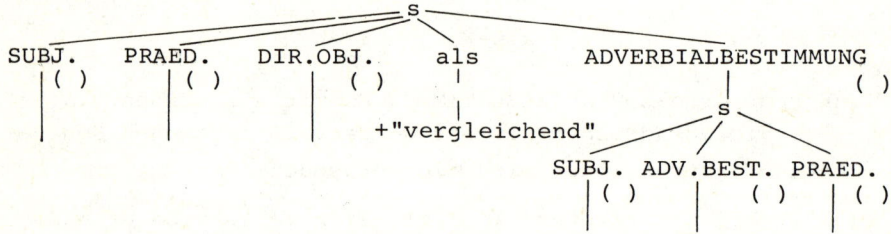

(b) Deutsch:

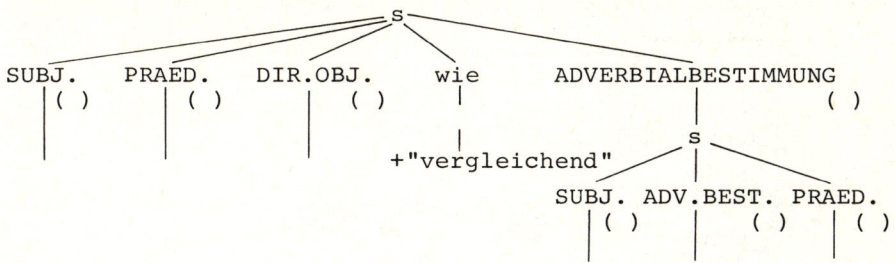

Inkorporierte ADVERBIALBESTIMMUNGEN mit of und alsof können als + "vergleichend", + "irreal" spezifiziert werden. In deutschen Inkorporationen mit als ob, als wenn, wie wenn und als wie wird die (vp) im Präsens fakultativ als Konjunktiv subkategorisiert; im Präteritum tritt jedoch hauptsächlich ein Konjunktiv auf:

(339) Hij gedroeg zich alsof hij mij nog nooit gezien had.
(340) Er benahm sich, als ob er mich noch nie gesehen hätte.

Bei invertierter Folge wird in deutschen inkorporierten ADVERBIALBESTIMMUNGEN mit als die (vp) meistens als Konjunktiv subkategorisiert:

(341) Ze deed alsof ze kwaad was.
(342) Sie tat, als wäre sie böse.

In Sätzen wie (343) und (344) ist die Inkorporation der ADVERBIALBESTIMMUNG mit als zu spezifizieren als + "konditional". Das Deutsche kann eine solche Spezifikation zum Ausdruck bringen durch wenn, falls, im Falle, da, unter der Bedingung, dass, wenn nur[1]; das Niederländische kennt als Aequivalente als, wanneer, indien, mits und of:

(343) Als ze morgen niet opbelt, doe ik het zelf.
(344) Wenn sie morgen nicht anruft, mache ich es selbst.

---

1 Vgl. Van Dam 1972, S. 201f

180   Funktionale kontrastive Beschreibungen

Die inkorporierte ADVERBIALBESTIMMUNG mit <u>als</u>, welche als + "konditional" spezifiziert wird, kann wie in (345) beschrieben werden:

(345) Inkorporation der ADVERBIALBESTIMMUNG mit <u>als</u>, + "konditional":

(a) Niederländisch:

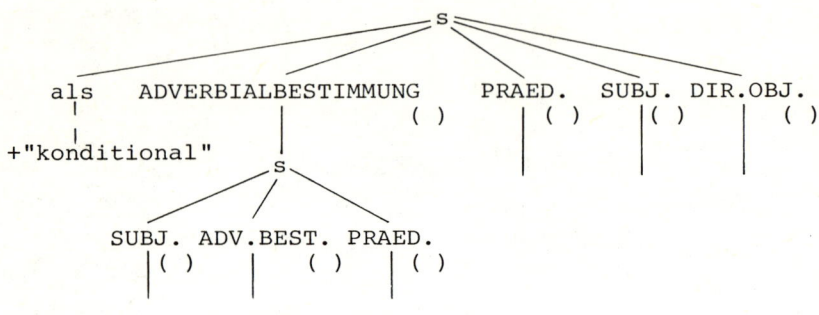

(b) Deutsch:

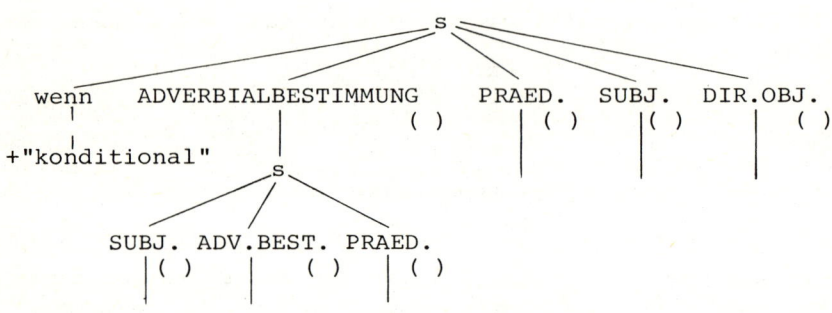

e. W-Konjunktion

Inkorporierte ADVERBIALBESTIMMUNGEN mit <u>waardoor</u>, <u>waaruit</u> usw. (<u>weshalb</u>, <u>weswegen</u> usw.) enthalten eine Schlussfolgerung und können daher als + "konsekutiv" spezifiziert werden:

(346) Ze voelde sich ziek, waardoor we niet naar het concert konden gaan.
(347) Sie fühlte sich krank, weshalb wir nicht ins Konzert gehen konnten.

Folgerungen

Die inkorporierte ADVERBIALBESTIMMUNG mit W-Konjunktion, welche als + "konsekutiv" spezifiziert wird, kann wie in (348) beschrieben werden:

(348) Inkorporation der ADVERBIALBESTIMMUNG mit W-Konjunktion
+ "konsekutiv" im Niederländischen und im Deutschen:

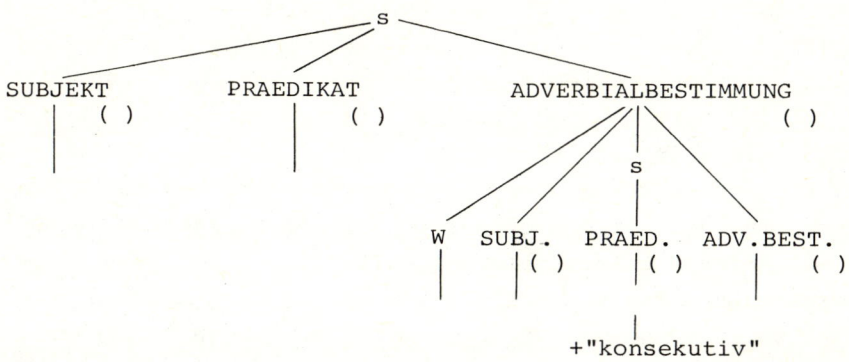

Die Spezifikation + "konsekutiv" ist ausserdem möglich bei Inkorporationen mit <u>dat</u> (dass), <u>dat</u> (als Aequivalent von als dass), <u>zodat</u> (so dass) und <u>zonder dat</u> (ohne dass).

So kann die inkorporierte ADVERBIALBESTIMMUNG mit <u>dat</u> in Sätzen wie (349) und (350) als + "konsekutiv" charakterisiert werden:

(349) Het kleine meisje was zo slaperig dat ze naar bed ging.
(350) Das kleine Mädchen war so schläfrig, dass es ins Bett ging.

6.12. Folgerungen

Die obenstehenden kontrastiven Analysen der Inkorporation im Niederländischen und im Deutschen nehmen keine Vollständigkeit in Anspruch. Dennoch lassen sie einige Schlussfolgerungen zu.

Wie im vierten Kapitel dargelegt wurde, geht die funktionale Syntax von unabhängigen linguistischen Strukturen aus. Es wurde im zweiten Abschnitt dieses Kapitels klar, dass der Begriff "unabhängige linguistische Struktur" bei der Definition der Inkorporation unentbehrlich ist. Der generative Charakter der funktionalen Syntax hat sich bei den kontrastiven Beschreibungen der Inkorporation bewährt. Generative Regeln mit rekursiven Elementen sind eine Voraussetzung für die kontrastive Beschreibung der Inkorporation zweier Sprachen.

In der funktionalen Syntax werden strukturelle Funktionen nicht nur vertikal subkategorisiert, sondern auch horizontal durch die Zuteilung systeminhärenter Funktionen charakterisiert. Gerade bei der kontrastiven Beschreibung der Inkorporation, die jeweils eine strukturelle Funktion innerhalb einer Anfangssubkategorie (s) erfüllt, hat sich eine solche Beschreibung als notwendig erwiesen. In den Analysen der Inkorporation wurden sie jeweils mit Klammern angegeben.

Jede der im fünften Kapitel entwickelten kontrastiven Teilanalysen ist relevant für eine möglichst vollständige kontrastive Beschreibung und Erklärung der Inkorporation. Auch wenn diese Teilanalysen in den obenstehenden Abschnitten nicht explizit erwähnt wurden, so sind sie in jeder der Analysen implizit berücksichtigt worden.

In den vergleichenden Analysen der Inkorporation zeigte sich immer wieder, dass die Spezifikation der Endkategorien linguistisch relevant ist. Problematisch ist jedoch, eindeutige Kriterien für derartige Spezifikationen aufzustellen. In diesem Bereich der Syntax - hier sind die Funktionalisten und die Transformationalisten sich einig - ist eine ausführliche Forschung notwendig.

Kontrastive Analysen der Inkorporation im Niederländischen und im Englischen oder im Deutschen und im Französischen würden zu dem Ergebnis führen, dass zwischen den angeführten Sprachen in dieser Hinsicht systematische Unterschiede bestünden. Aus den obenstehenden kontrastiven Beschreibungen geht hingegen hervor, dass die niederländische und die deutsche Syntax hinsichtlich der Inkorporation einander stark ähneln. Eine kontrastive funktionale Syntax, die nicht nur

den syntagmatischen und paradigmatischen Fakten zweier
Sprachen Rechnung trägt, sondern auch pragmatisch ist,
ermöglicht verfeinerte Vergleiche äquivalenter unabhängiger
linguistischer Strukturen. Detaillierte Analysen in diesem
Kapitel zeigen, dass trotz der Aehnlichkeiten zwischen dem
Niederländischen und dem Deutschen in Bezug auf die Inkorporation eine Reihe von Unterschieden zwischen den beiden
Sprachen bestehen, namentlich bei der Wortfolge der Inkorporationen, bei der Subkategorisierung der (vp) und bei der
Spezifikation der Endterme.

7. Schlussbemerkungen

Die Forderungen und Aufgaben der KG sind vielseitig, ebenso wie die Methoden, die sie anwendet. Dennoch gilt, dass jeder Vergleich zweier Sprachen sich primär auf linguistische Fakten stützt.

Kontrastive Analysen sind nicht nur relevant für pädagogische, soziologische und psychologische Disziplinen im Rahmen einer angewandten KG, sondern sie sind auch unentbehrlich für die Linguistik als Bestandteil eines empirischen Zyklus.

Sowohl für inter- als auch für intralinguale kontrastive Analysen gilt, dass die Forschungsgegenstände einheitlich, d.h. auf identische Weise beschrieben werden. Am besten eignet sich die funktionale Syntax für derartige Beschreibungen.

Eine funktionale Syntax, wie sie in dieser Arbeit skizziert wird, unterscheidet sich in einigen wesentlichen Punkten von anderen Beschreibungsmodellen. So verzichtet sie auf die Annahme einer Tiefenstruktur; nicht eventuelle Uebereinstimmungen zweier unabhängiger linguistischer Strukturen sind das Objekt der funktionalen Syntax, sondern diese Strukturen selbst. Sie berücksichtigt die Macro-Funktionen der Sprache, indem sie systeminhärente Funktionen in die Beschreibung aufnimmt. Weiter enthält sie Regeln, die es ermöglichen, Kategorien, Subkategorien und strukturelle Funktionen zu generieren. Ausserdem besitzt sie Spezifikationsregeln, die den Endkategorien Endterme zuordnen. In einer funktionalen Syntax werden Sprachstrukturen, nicht aber die Intuition eines Sprechers beschrieben.

Für eine kontrastive Syntax muss nicht nur vorausgesetzt werden, dass die zu vergleichenden Sprachen einheitlich

beschrieben werden. Es muss ausserdem eine Vergleichsbasis
für die kontrastive Analyse angenommen werden. Dazu ist es
nötig, die Aequivalenz zwischen zwei unabhängigen linguistischen Strukturen der zu vergleichenden Sprachen zu postulieren. Ein solches Postulat stützt sich auf die Annahme,
dass das Sprachsystem jeder natürlichen Sprache ausdrucksadäquat ist.

Auf Grund der endlichen Zahl von Regeln einer funktionalen
Syntax lässt sich eine beschränkte Zahl tc's formulieren.
Jedes tc ist Basis einer kontrastiven Teilanalyse. Die Teilanalysen bilden gesamthaft die kontrastive Syntax.

Beispiele aus dem Bereich der Inkorporation im Niederländischen und im Deutschen zeigen, dass eine funktionale kontrastive Syntax verfeinerte Sprachvergleiche ermöglicht.
Obschon zwischen den Inkorporationen des Niederländischen
und des Deutschen systematische Uebereinstimmungen festzustellen sind, zeigen sich eine Reihe von Unterschieden z.B.
bei der Subkategorisierung der (vp) und bei der Wortfolge.

Wurde im zweiten Kapitel auf die linguistische Relevanz
der KG hingewiesen, stellt sich am Schluss dieser Arbeit
die Frage, ob eine kontrastive Syntax des Niederländischen
und des Deutschen pädagogisch relevant ist, wenn die beiden
Sprachsysteme einander so gleich sind. Wie Di Pietro 1972[1]
bemerkt, sollte ein Deutschsprechender das "Holländische"
mit viel weniger Schwierigkeiten meistern als das Englische,
wenn die Annahme stimmt, dass ein hoher Grad an Uebereinstimmung der Ausgangs- und Zielsprache zu leichterem Lernen
führt. Ebenso müsste man erwarten, dass ein Sprecher des
Niederländischen leichter Deutsch als Englisch lernt. Die
Praxis scheint aber zu beweisen, dass das Gegenteil zutrifft.
Es ist nicht die Aufgabe der kontrastiven Syntax, die Frage
zu beantworten, ob ein hoher Grad an Uebereinstimmung zwischen Sprachen einen Vorteil oder ein Hindernis beim Erlernen

---

[1] Di Pietro 1972, S. 138

darstellt. Solche Probleme gehören in den Bereich der angewandten Disziplinen der kontrastiven Syntax. Wenn aber die Annahme richtig ist, dass ein Deutschsprechender schwer zu motivieren ist, Niederländisch flüssig sprechen zu lernen, weil er das Niederländische (zu) leicht versteht, so ist eine detaillierte kontrastive Syntax der beiden Sprachen eine Voraussetzung für einen sinnvollen Unterricht des Niederländischen für Deutschsprachige.

8. Summary

In the eighteenth and nineteenth centuries contrastive grammar (in this study abbreviated as "KG") played an important role in diachronic comparative philology. Since the twenties of this century, however, languages have mainly been compared on a synchronic basis, without regard to genetic relations. An increasing number of studies in the field of KG have appeared since the forties.

The aims and goals of KG are very heterogeneous. It deals with such different items as error-predicting, foreign-language teaching and with solely linguistic problems. Horst Raabe's view that foreign-language teaching supplies the basis of a KG-model cannot be accepted. No justification is given for his statement that applied contrastive linguistics provides data which form the starting point of KG. On the contrary, a contrastive study can only be founded on the linguistic description of the languages which are to be compared.

Most of the linguists agree with the idea that the comparison of two languages requires an uniform framework - but which framework is suitable for KG? A model based on traditional grammar should be rejected, because it would not be explicit enough. A structural model would not do either, as the highest unit of a structural model is the sentence. In comparing two languages this arbitrary unit would create insoluble problems. Moreover, many terms such as "form", "class", "same", "different" etc. are defined unsatisfactorily. In a tagmemic model functions and classes constitute units; as classes are the basis groups and functions not, a tagmemic unit does not seem appropriate to KG.

Many questions arise when transformational generative grammar (abbreviated as "TG") is chosen as a framework for

KG. The implications of "intuition", belonging to the generative part of TG, are uncertain: Is intuition itself a phenomenon to be explained in a TG model of KG? Is intuition a necessary part of the heuristic stage in a TG model? Should intuition be handled as a criterium to justify KG hypotheses? Furthermore, KG studies based on TG show that competence as such is disputed. Finally, no answer is given to the question whether the competence of a native speaker or that of a bilingual speaker is involved. On the other hand, the transformational part of a KG of this type should be dropped too. As Dik points out, it does not make sense to postulate deep structures and transformational rules if the goal of linguistic description is to describe different structures in their own right.

A functional grammar, however, consisting of a partially ordered set of rules together with a set of instructions for application, seems to be an adequate basis for KG. As proposed by Dik 1972, for any independent linguistic expression (abbreviated as "uls") a set of all non-initial categories, a set of all functions and a set of ultimate constituents are selected. Structural functions such as SUBJECT, PREDICATOR etc. account for differences between independent linguistic expressions with identical constituents. Systemic functions, analysed by Halliday 1976, such as AGENS, NEW etc. indicate the macro-functions of language and account for differences between independent linguistic expressions with identical constituents and identical structural functions.

It is a basic property of any natural language that it enables a native speaker to express anything he wants to say in his language. For this reason it is possible, in principle, to discover equivalent independent linguistic expressions in two languages. A functional description of such units allows KG analyses on every level. It follows that a KG syntax of this type makes it possible to compare an independent linguistic expression of one language (L_1) with an equivalent independent linguistic expression of another

Summary 189

language (L_2) in respect to (i) the organisation of non-initial categories, (ii) the structural functions, (iii) the systemic functions and (iv) the ultimate constituents. Together, such analyses constitute the model of both intra-contrastive and inter-contrastive syntax based on functional grammar.

Illustrative examples show that functional contrastive syntax implies a detailed comparison of languages. Dutch and German subordinate sentences resemble each other in many ways. Still, several analyses prove that there are differences between subordinations of the two languages in respect to word sequence, subcategorisation and specification of the ultimate constituents. Such conclusions, drawn from a linguistic-orientated KG seem to be useful for applied KG, especially when two languages, like Dutch and German, resemble each other in many respects.

9. Literaturverzeichnis

FL = Foundations of Language. International journal of language and philosophy
IJAL = International Journal of American Linguistics
IRAL = IRAL. International Review of Applied Linguistics in Language Teaching/Internationale Zeitschrift für angewandte Linguistik in der Spracherziehung
JL = Journal of Linguistics
LG = Language. Journal of the Linguistic Society of America
LL = Language Learning
Z.Ma.F. = Zeitschrift für Mundartforschung
ZPhon = Zeitschrift für Phonetik, Sprachwissenschaft und Kommunikationsforschung

Admoni, W.G.: Der deutsche Sprachbau. Theoretische Grammatik der deutschen Sprache. Leningrad 1966^2.

Andresen, H.: Der Erklärungsgehalt linguistischer Theorien. Methodologische Analysen zur generativen Transformationsgrammatik und zur Syntaxtheorie H.J. Heringers als Beispiel einer strukturalistischen Grammatik. München 1974.

Appel, R./Hubers, G./Meijer, G.: Sociolinguistiek. Utrecht 1976.

Bach, E.: "Nouns and Noun Phrases". In: Bach, E./Harms, R.T. (Hrsg.): Universals in linguistic theory. S. 91-122. New York 1968.

Ballmer, T.T.: "Inwiefern ist Linguistik empirisch? Eine allgemeine Explikation des Empiriebegriffs mit spezieller Berücksichtigung der sich für die Linguistik ergebenden Konsequenzen". In: Wunderlich, D. (Hrsg.): Wissenschaftstheorie der Linguistik. S. 6-53. Kronberg 1976.

Bausch, K.R.: "Sprachmittlung". In: Althaus, H.P./Henne, H./Wiegand, H.E. (Hrsg.): Lexikon der germanischen Linguistik. Studienausgabe. Bd. 3. S. 610-615. Tübingen 1973.

Bausinger, H.: Deutsch für Deutsche. Dialekte, Sprachbarrieren, Sondersprachen. Frankfurt M. 1972.

Bolinger, D.D.: "Das Essenz-Akzidenz-Problem". In: Nickel, G. (Hrsg.): Reader zur kontrastiven Linguistik. S. 147-156. Frankfurt M. 1972.

Bopp, F.: Vergleichende Grammatik des Sanskrit, Send, Armenischen, Griechischen, Lateinischen, Litauischen, Altslavischen, Gothischen und Deutschen. Berlin 1833-1849.

Botha, R.P.: The function of the lexicon in transformational generative Grammar. The Hague 1968.

Bouton, F.L.: "The problem of equivalence in contrastive analysis". In: IRAL 14 (1976), 2. S. 143-163.

Brown, R./Lenneberg, E.H.: "Studies in linguistic relativity". In: Maccoby, E.E.: Readings in social psychology. S. 9-18. New York 1958.

Browne, W.: "On conjoined questions and conjoined relative clauses in English and Serbo-Croatian". In: Raabe, H. (Hrsg.): Trends in kontrastiver Linguistik. Bd. 1. S. 161-177. Tübingen 1974.

Brugmann, K.: Kurze vergleichende Grammatik der indogermanischen Sprachen. Strassburg 1902-1904.

Carroll, J.B./Casagrande, J.B.: "The function of language classification in behavior". In: Maccoby, E.E. (Hrsg.): Readings in social psychology. S. 18-31. New York 1958.

Catford, J.C.: A linguistic theory of translation. London 1965.

Chomsky, N.: Aspects of the theory of syntax. Cambridge Mass. 1965.

Chomsky, N.: "Deep structures, surface structure and semantic interpretation". In: Steinberg, D.D. (Hrsg.): Semantics. An interdisciplinary reader in philosophy, linguistics and psychology. Cambridge 1971.

Chomsky, N.: Syntactic structures. Den Haag 1957.

Coseriu, E.: "Ueber Leistung und Grenzen der kontrastiven Grammatik". In: Nickel, G. (Hrsg.): Reader zur kontrastiven Linguistik. S. 39-58. Frankfurt M. 1972.

Dam, J. van: Handbuch der deutschen Sprache. Bd. 1. Lautlehre. Groningen 1937.

Dam, J. van: Handbuch der deutschen Sprache. Bd. 2. Wortlehre. Groningen 1963^4.

Dam, J. van: Handbuch der deutschen Sprache. Bd. 3. Syntax der deutschen Sprache. Groningen 1972.

Dik, S.C./Kooij, J.G.: Beginselen van de algemene taalwetenschap. Utrecht 1970^3.

Dik, S.C.: Coordination, its implication for the theory of general linguistics. Amsterdam 1972^2.

Dingwall, W.O.: "Transformational generative Grammar and contrastive analysis". In: LL 14 (1964). S. 147-160.

Di Pietro, R.J.: "Kurze orientierende Bemerkungen zur Untersuchung sprachlicher Verschiedenheit". In: Nickel, G. (Hrsg.): Reader zur kontrastiven Linguistik. Frankfurt M. 1972.

Di Pietro, R.J.: Language structures in contrast. Rowley 1971.

Duden-Grammatik: Grammatik der deutschen Gegenwartssprache. Der grosse Duden. Bd. 4. Bearbeitet von P. Grebe. Mannheim 1973³.

Erämetsä, E.: "Deutsch-finnische Konfrontation im Bereich des Objekts". In: Sprache der Gegenwart 1970 - Probleme der kontrastiven Grammatik (= Jahrbuch ((des Instituts für deutsche Sprache)) 1969). S. 150-159. Düsseldorf 1970.

Es, G.A./Caspel, P.P.J. van: Syntaxis van het moderne Nederlands. Reeks 1. Nr. 1-65. Groningen 1971-1975.

Ferguson, C.A.: "Contrastive analysis and language development". In: Georgetown Monograph 21. S. 101-112. Washington 1968.

Filipović, R.: "Testing the results of contrastive analysis". In: Raabe, H. (Hrsg.): Trends in kontrastiver Linguistik. S. 179-191. Tübingen 1974(a).

Filipović, R.: "The use of a corpus in contrastive studies". In: Raabe, H. (Hrsg.): Trends in kontrastiver Linguistik. S. 51-66. Tübingen 1974(b).

Filipović, R.: "The Yugoslav Serbo-Croatian - English contrastive Project". In: Nickel, G. (Hrsg.): Papers in contrastive linguistics. S. 107-114. Cambridge 1974(c).

Fillmore, C.J.: "The case for case." In: Bach, E./Harms, R.T. (Hrsg.): Universals in linguistic theory. S. 1-88. New York 1968.

Finck, F.N.: Die Haupttypen des Sprachbaus. Leipzig 1909.

Frey, H.: Deutsche Sophoklesübersetzungen. Grenzen und Möglichkeiten des Uebersetzens am Beispiel der Tragödie König Oedipus von Sophokles. Winterthur 1964.

Fries, C.C.: Teaching and learning English as a foreign language. Ann Arbor 1945.

Goossens, J.: "Was ist Deutsch - und wie verhält es sich zum Niederländischen?" In: Göschel, J. et al. (Hrsg.): Zur Theorie des Dialektes. Wiesbaden 1976.

Grandgent, C.: German and English sounds. Boston 1892.

Grimm, J.: Deutsche Grammatik. Neuer verm. Abdruck. 4 Teile in 6 Bd. Besorgt durch W. Scherer et al. Nachdruck der Ausgabe Gütersloh 1890. Hildesheim 1967.

Groot, A.D. de: Methodologie. Grondslagen van onderzoek en denken in de gedragswetenschappen. Den Haag 1968[4].

Gussmann, E.: "Wie lassen sich phonologische Regeln vergleichen?" In: Raabe, H. (Hrsg.): Trends in kontrastiver Linguistik. Bd. 2. S. 119-135. Tübingen 1976.

Haeringen, C.B. van: "Nederlands tussen Duits en Engels". In: Heeroma, K. (Hrsg.): Algemene aspecten van de grote cultuurtalen. S. 27-98.

Halliday, M.A.K.: "Sprachstruktur und Sprachfunktion". In: Lyons, J. (Hrsg.): Neue Perspektiven in der Linguistik. S. 126-149. Reinbek bei Hamburg 1975.

Halliday, M.A.K.: System and function in language. Selected papers edited by G.R. Kress. London 1976.

Halliday, M.A.K./McIntosh, A./Strevens, P.D.: "The linguistic sciences and language teaching. London 1964.

Hamp, E.P.: "What a contrastive grammar is not, if it is". In: Georgetown Monograph 21. Washington 1968.

Harman, G.H.: "Generative grammars without transformation rules: a defense of phrase structure". Lg 39 (1963). S. 597-616.

Harris, Z.: "Transfer Grammar". In: IJAL 20 (1954). S.259-270

Hartmann, P.: "Zum Begriff des sprachlichen Zeichens". In: ZPhon 21 (1968). S. 205-222.

Heller, D.: "Idiomatik". In: Althaus, H.P. et al. (Hrsg.): Lexikon der germanischen Linguistik. Studienausgabe. Bd. 1. S. 175-183. Tübingen 1973.

Hoijer, H.: "The Sapir-Whorf Hypothesis". In: Hoijer, H. (Hrsg.): Language in culture. S. 92-105. Chicago 1954.

Humboldt, W. von: Ueber die Kawi-Sprache auf der Insel Java. Berlin 1836-1839.

Hundschnurscher, F.: "Syntax". In: Althaus, H.P. et al. (Hrsg.): Lexikon der germanischen Linguistik. Studienausgabe. Bd. 1. S. 184-221. Tübingen 1973.

Ivir, V.: "Generative and taxonomic procedures in contrastive analysis". In: Raabe, H. (Hrsg.): Trends in kontrastiver Linguistik. Bd. I. S. 67-78. Tübingen 1974(a).

Ivir, V.: "Remarks on contrastive analysis and translation".
In: Raabe, H. (Hrsg.): Trends in kontrastiver Linguistik.
Bd. 1. S. 93-104. Tübingen 1974(b).

Jalink, J.M./Toorn, M.C. van den: Langenscheidts praktisches
Lehrbuch Niederländisch. Berlin 1976[7].

James, C.: "Zur Rechtfertigung der kontrastiven Linguistik".
In: Nickel, G. (Hrsg.): Reader zur kontrastiven Linguistik.
S. 21-38. Frankfurt M. 1972.

Jespersen, O.: Growth and structure of the English language.
Oxford 1967.

Kac, M.B.: "Should the passive transformation be obligatory?"
In: JL 5 (1969). S. 145-147.

Kanngiesser, S.: "Spracherklärungen und Sprachbeschreibungen".
In: Wunderlich, D. (Hrsg.): Wissenschaftstheorie der Linguistik. S. 106-160. Kronberg 1976.

Katz, J.J.: "Mentalism in linguistics". In: Language 40
(1964). S. 124-137.

Katz, J.J./Fodor, J.A.: "The structure of a semantic theory".
In: Language 39 (1963). S. 170-210.

Klima, E.S.: "Correspondence at the grammatical level". MIT
Research Laboratory. Mechanical translation, 1962.

Knobloch, J.: "Ethnolinguistik". In: Althaus, H.P. et al.
(Hrsg.): Lexikon der germanischen Linguistik. Studienausgabe. Bd. 2. S. 314-317. Tübingen 1973.

Kohler, K.: "On the adequacy of phonological theories for
contrastive studies". In: Nickel G. (Hrsg.): Papers in
contrastive linguistics. S. 83-88. Cambridge 1974[2].

Koller, W.: Grundprobleme der Uebersetzungstheorie. Unter
besonderer Berücksichtigung schwedisch-deutscher Uebersetzungsfälle. Bern 1972.

König, E.: "Transformational grammar and contrastive analysis"
(Institut für Linguistik - Lehrstuhl Anglistik). PAKS-
Arbeitsbericht 6. Stuttgart 1970.

König, E./Nickel, G.: "Transformationelle Restriktionen in
der Verbalsyntax des Englischen und Deutschen". In: Sprache
der Gegenwart 1970 - Probleme der kontrastiven Grammatik
(= Jahrbuch ((des Instituts für deutsche Sprache)) 1969).
S. 70-81. Düsseldorf 1970.

Kraak, A./Klooster, W.G.: Syntaxis. Culemborg 1972.

Krzeszowski, T.P.: "Kontrastive generative Grammatik". In: Nickel, G. (Hrsg.): Reader zur kontrastiven Linguistik. S. 75-84. Frankfurt M. 1972.

Krzeszowski, T.P.: "Ueber einige linguistische Beschränkungen der klassischen kontrastiven Linguistik". In: Raabe, H. (Hrsg.): Trends in kontrastiver Linguistik. Bd. 2. S. 107-117. Tübingen 1976.

Kufner, H.: The grammatical structures of English and German. A contrastive sketch. Chicago 1962.

Kuhn, T.: "Postscript". In: Kuhn, T.: The structure of scientific revolutions. S. 287-319. Chicago 1970².

Kürschner, W.: Zur syntaktischen Beschreibung deutscher Nominalkomposita. Tübingen 1973.

Lado, R.: "A comparison of the sound systems of English and Spanish". In: Hispania 39 (1956), Nr. 1. S. 26-29.

Lado, R.: "A prime source of student errors". In: LL 1 (1948), Nr. 3. S. 1-3.

Lado, R.: "Contrastive linguistics in a mentalistic theory of language learning". In: Georgetown Monograph 21. S. 123-135. Washington 1968.

Lado, R.: Linguistics across cultures. Ann Arbor 1957.

Lado, R.: "Meine Perspektive der kontrastiven Linguistik 1945-1972". In: Nickel, G. (Hrsg.): Reader zur kontrastiven Linguistik. S. 15-20. Frankfurt M. 1972.

Lakoff, G.: "Instrumental adverbs and the concept of deep structure". In: FL 4 (1968). S. 4-29.

Lakoff, G.: On the nature of syntactic irregularity. (The Computation Laboratory of Harvard University Mathematical Linguistics and Automatic Translation. Report Nr. NSF-16). Cambridge Mass. 1965.

Lang, E.: "Ueber einige Schwierigkeiten beim Postulieren einer 'Textgrammatik'". In: Kiefer, F. et al. (Hrsg.): Generative grammar in Europe. S. 284-314. Dordrecht 1973.

Leech, G.: Semantics. Harmondsworth 1976³.

Lehiste, E.: "Grammatical variability and the difference between native and non-native speakers". In: Nickel, G. (Hrsg.): Papers in contrastive linguistics. S. 69-74. Cambridge 1974².

Levenston, E.A.: "Ueber- und Unterrepräsentation - Aspekte der muttersprachlichen Interferenz". In: Nickel, G. (Hrsg.): Reader zur kontrastiven Linguistik. S. 167-174. Frankfurt M. 1972.

Lyons, J.: Einführung in die moderne Linguistik. München 1971.

McCawley, J.D.: "Interpretive semantics meets Frankenstein". In: FL (1971). S. 285-296.

McCawley, J.D.: "The role of semantics in a grammar". In: Bach, E./Harms, R.T. (Hrsg.): Universals in linguistic theory. S. 125-169. New York 1968.

McCawley, J.D.: "Where do noun phrases come from". In: Jacobs, R.A. et al. (Hrsg.): Readings in English transformational grammar. S. 166-183. 1970.

Macnamara, J.: Bilingualism and primary education. Edinburgh 1966.

Martins, E.: Studien zur Frage der linguistischen Interferenz. Stockholm 1970.

Mathesius, V.: "On some problems of the systematic analysis of grammar". In: Etudes dédiées au quatrième congrès de linguistes (Travaux du circle linguistique de Prague 6). S. 95-107. Prag 1936.

Matthews, P.H.: "Discontinuity and assymmetry in phrase structure grammar". In: Information and Control 6 (1963). S. 137-146.

Matthews, P.H.: "Review article; S.C. Dik, Coordination: its implications for the theory of general linguistics". In: Lingua 23 (1969). S. 349-371.

Meulen, A. ter: "Comments on Kanngiesser's paper". In: Wunderlich, D. (Hrsg.): Wissenschaftstheorie der Linguistik. S. 164-166. Kronberg 1976.

Michel, F.: "Rede und Redestil; Bemerkungen zum Stilbegriff in der Linguistik". In: Wiss. Zf. der Päd. Hochschule Potsdam, Sond. Heft 1964. S. 94.

Moser, H.: "'Umgangssprache', Ueberlegungen zu ihren Formen und ihrer Stellung im Sprachganzen". In: Z.Ma.F. 27 (1960). S. 215-232.

Moulton, W.: The sounds of English and German. Chicago 1974[7].

Nickel, G.: "Contrastive linguistics and foreign-language teaching". In: Nickel, G. (Hrsg.): Papers in contrastive linguistics. S. 1-16. Cambridge 1974[2](a).

Nickel, G.: "Introduction". In: Nickel, G. (Hrsg.): Papers in contrastive linguistics. S. IX-X. Cambridge 1974^2(b).

Oksaar, E.: "Zum Passiv im Deutschen und Schwedischen". In: Nickel, G. (Hrsg.): Reader zur kontrastiven Linguistik. S. 85-105. Frankfurt M. 1972.

Passy, P.: Petite phonétique comparée des principales langues européennes. Paris 1906.

Pauwels, J.L.: "Moeilijkheden met de benaming van onze taal". In: Geerts, G. (Hrsg.): Taal of taaltje? Een bloemlezing taalpolitieke beschouwingen over het Nederlands. Leuven 1972.

Porzig, W.: Das Wunder der Sprache. München 1967^4.

Raabe, H.: "Konzeptionen der angewandten kontrastiven Linguistik". In: Raabe, H. (Hrsg.): Trends in kontrastiver Linguistik. Bd. 2. S. 5-73. Tübingen 1976.

Raabe, H.: "Zum Verhältnis von kontrastiver Grammatik und Uebersetzung". In: Nickel, G. (Hrsg.): Reader zur kontrastiven Linguistik. S. 59-74. Frankfurt M. 1972.

Rask, R. (Chr.): Ausgewählte Abhandlungen. Hg. von L. Hjelmslev. 3 Bd. Kopenhage 1932-1937.

Reed, D.W./Lado, R./Shen, Y.: "The importance of the native language in foreign language learning". In: LL 1 (1948). S. 17-23.

Robinson, I.: The new Grammarians' Funeral. A critique of Noam Chomsky's linguistics. London 1978^2.

Schlegel, F.: Kritische Friedrich-Schlegel-Ausgabe. Hg. von E. Behler et al. München 1958-...

Schleicher, A.: Sprachvergleichende Untersuchungen. Bonn 1848.

Schlieben-Lange, B.: "Kommentar zu Kanngiesser". In: Wunderlich, D. (Hrsg.): Wissenschaftstheorie der Linguistik. S. 172. Kronberg 1976.

Sitta, H.: Semanteme und Relationen. Zur Systematik der Inhaltssatzgefüge im Deutschen. Frankfurt M. 1971.

Slama-Cazacu, T.: "Kontrastive Analyse 'in Abstracto' oder die Funktion des Zusammentreffens sprachlicher Systeme im Lerner? (Kontrastive Analysen im Licht der Psycholinguistik)". In: Raabe, H. (Hrsg.): Trends in kontrastiver Linguistik. Bd. 2. S. 189-207. Tübingen 1976.

Smolska, J.: "Problem Relative Clauses w nauczaniu Polakow". In: W Z zagadnien nauczania jezykow obcych, Warszawa (1968). S. 160-183.

Snook, R.L.: "A stratificational approach to contrastive analysis". In: Nickel, G. (Hrsg.): Papers in contrastive linguistics. S. 17-36. Cambridge 1974².

Soeteman, C.: "Eenheid en verscheidenheid in het Duitse taalgebied". In: Heeroma, K. (Hrsg.): Algemene aspecten van de grote cultuurtalen. S. 100-117. Den Haag 1956.

Sonderegger, St.: Grundzüge deutscher Sprachgeschichte. Diachronie des Sprachsystems. Bd. 1. Berlin 1979.

Sonderegger, St.: "Tendenzen zu einem überregional geschriebenen Althochdeutsch". In: Beumann, H. et al. (Hrsg.): Aspekte der Nationenbildung im Mittelalter. Ergebnisse der Marburger Rundgespräche 1972-1975. Sigmaringen 1978.

Spalatin, L.: "Approach to contrastive analysis". In: Raabe, H. (Hrsg.): Trends in kontrastiver Linguistik. Bd. 1. S. 79-92. Tübingen 1974.

Stockwell, R.P./Bowen, J.: The sounds of English and Spanish. Chicago 1965.

Stockwell, R.P./Bowen, J./Martin, J.: The grammatical structures of English and Spanish. Chicago 1965.

Tervoort, B.Th./Geest, A.J.M. van der/Hubers, G.A.C. et al.: Psycholinguistiek. Utrecht 1973².

Toorn, M.C. van den: Nederlandse taalkunde. Utrecht 1976⁴.

Verkuyl, H.J./Booij, G.E./Elfers-Van Ketel, E.H.C. et al.: Transformationele taalkunde. Utrecht 1974.

Vietor, W.: Elemente der Phonetik des Deutschen, Englischen und Französischen. Leipzig 1894.

Wandruszka, M.: "Deutsche und romanische Verbalstrukturen". In: Sprache der Gegenwart 1970 - Probleme der kontrastiven Grammatik (= Jahrbuch ((des Instituts für deutsche Sprache)) 1969). S. 53-69. Düsseldorf 1970.

Wandruszka, M.: "Die maschinelle Uebersetzung und die Dichtung". In: Poetica 1 (1967). S. 3-7.

Weinreich, U.: Languages in contact. New York 1953.

Weydt, H.: "Kommentar zu Kanngiesser". In: Wunderlich, D. (Hrsg.): Wissenschaftstheorie der Linguistik. S. 170-172. Kronberg 1976.

Whitman, R.L.: "Contrastive analysis: problems and procedures". In: LL 20 (1970).

Winter, W.: "Transforms without kernels?" In: Language 41 (1965). S. 484-489.

Wyatt, J.L.: "Deep structure in a contrastive transformational grammar". In: Nickel, G. (Hrsg.): Papers in contrastive linguistics. S. 75-82. Cambridge 1974².

Yngve, V.H.: "A model and a hypothesis for language structure". In: Proceedings of the American Philosophical Society 104 (1960). S. 444-466.

Zabrocki, L. von: "Grundfragen der konfrontativen Grammatik (= Jahrbuch ((des Instituts für deutsche Sprache)) 1969). S. 31-52. Düsseldorf 1970.

Zabrocki, T.: "Ueberlegungen zu den sogenannten theoretischen kontrastiven Studien". In: Raabe, H. (Hrsg.): Trends in kontrastiver Linguistik. Bd. 2. S. 75-105. Tübingen 1976.

10. Autorenregister

Admoni, W. 36
Andresen, H. 18, 19
Appel, R. 8, 26, 33
Bach, E. 9, 36
Ballmer, T.T. 19, 32, 99, 105
Bausch, K.R. 9
Bausinger, H. 83
Bloomfield, L. 46
Bolinger, D. 17, 18, 23, 88
Bopp, F. 1
Botha, R.P. 30
Bouton, F.L. 90, 91, 92, 93, 103
Bowen, J. 4, 88
Brown, R. 8
Browne, W. 18
Brugmann, K. 1
Carroll, J.B. 8
Casagrande, J.B. 8
Caspel, P.P.J. van 127, 128, 129, 131
Catford, J.C. 92, 93
Chitoran, D. 4
Chomsky, N. 34, 71, 75
Coeurdoux, G.L. 1
Coseriu, E. 9, 17, 23, 24, 88, 89, 90, 91
Dam, J. van 102, 106, 107, 123, 133, 148, 179
Delbrück, B. 1
Dik, S.C. 2, 5, 20, 27, 28, 37, 38, 40, 44, 46, 47, 48, 49, 50, 51, 54, 63, 67, 68, 72, 73, 75, 76, 77, 79, 80, 81, 188
Dingwall, W.O. 4
Di Pietro, R.J. 2, 3, 4, 17, 18, 22, 23, 26, 27, 29, 30, 32, 39, 88, 90, 91, 98, 103, 185
Erämetsä, E. 18
Es, G.A. van 127, 128, 129, 131, 143, 144, 150, 154, 156, 172, 173

Ferguson, C.A. 18
Filipović, R. 4, 17, 18, 31, 32, 88
Fillmore, C.J. 6, 7, 90
Finck, F.N. 1, 7
Firth, J.R. 40
Fisiak, J. 4
Fodor, J.A. 34, 71
Fontane, T. 161
Frey, H. 93
Fries, C.C. 9, 26
Goossens, J. 120, 121
Grandgent, C. 2
Grimm, J. 1
Groot, A.D. de 105
Gussmann, E. 22
Haeringen, C.B. van 84
Halliday, M.A.K. 5, 40, 47, 48, 49, 54, 55, 57, 58, 59, 60, 61, 62, 63, 67, 68, 80, 81, 88, 95, 102, 103, 188
Hamp, E.P. 88
Harman, G.H. 75
Harris, Z. 26, 92
Hartmann, P. 50
Heller, D. 8
Hoijer, H. 8, 25
Humboldt, W. von 1
Hundschnurscher F. 27
Ivir, V. 28, 92
Jalink, J.M. 109
James, C. 87
Jespersen, O. 7, 27, 122
Jones, W. 1
Kac, M.B. 36
Kanngiesser, S. 38, 39, 94, 95, 96
Katz, J.J. 29, 34, 71
Klima, E.S. 88
Kluge, F. 83
Knobloch, J. 7
Kohler, K. 17
Koller, W. 9, 93, 94
König, E. 4, 89, 90
Kraak, A. 25
Kress, G.R. 54

Krzeszowski, T.P. 3, 9, 22, 23, 29, 30, 31, 32, 36, 88, 90, 91, 92, 93, 98
Kufner, H. 3, 27, 28, 124
Kuhn, T. 39
Kürschner, W. 60
Lado, R. 2, 3, 9, 18, 38
Lakoff, G. 31, 35, 36
Lamb, S.M. 40
Lang, E. 50
Leech, G. 89
Lehiste, E. 19, 32, 33
Lenneberg, E.H. 8
Levenston, E.A. 23, 92
Lyons, J. 29
Macnamara, J. 33
Martin, J. 4
Martins, E. 9
Mathesius, V. 2
Matthews, P.H. 75, 80, 81
McCawley, J.D. 35, 71, 88
McIntosh, A. 88
Meillet, A. 7
Meulen, A. ter 39
Michel, F. 36
Moser, H. 83
Moulton, W. 3, 102
Nickel, G. 4, 18, 22, 23, 24, 25, 26, 29, 89, 90
Oksaar, E. 4, 18, 36, 37, 38, 89
Passy, P. 2
Pauwels, J.L. 120, 122
Pike, K.L. 38, 40, 47, 80
Porzig, W. 71
Postal, P.M. 35

Raabe, H. 4, 8, 9, 10, 11, 12, 13, 14, 15, 16, 22, 35, 88, 187
Rask, R. 1
Reed, D.W. 3
Reichling, A. 20
Robinson, I. 38
Ross, J.R. 35
Sapir, E. 8, 27
Schachter, P. 4
Schlegel, F. von 1
Schlieben-Lange, B. 40
Shen, Y. 3
Sitta, H. 28
Slama-Cazacu, T. 23
Smolska, J. 3
Snook, R.L. 3, 38, 40
Soeteman, C. 83, 84
Sonderegger, St. 119, 120
Spalatin, L. 92, 93, 116
Stockwell, R.P. 3, 4, 88
Strevens, P.D. 88
Tervoort, B.Th. 119
Tesnière, L. 7, 8
Toorn, M.C. van den 109
Verkuyl, H.J. 25, 35, 36, 37, 70, 71
Vietor, W. 2
Wandruszka, M. 92, 93
Weinreich, U. 3, 8, 9
Weydt, H. 39, 49
Whitman, R.L. 92
Whorf, B.L. 2, 8
Winter, W. 36
Wyatt, J.L. 4, 19, 20, 90
Yngve, V.H. 75
Zabrocki, L. von 7
Zabrocki, T. 18, 19, 20

Walter de Gruyter
Berlin · New York

Das Althochdeutsche von St. Gallen
Texte und Untersuchungen zur sprachlichen Überlieferung
St. Gallens vom 8. bis zum 12. Jahrhundert
Herausgegeben von Stefan Sonderegger

Emil Luginbühl

Studien zu Notkers Übersetzungskunst
Mit einem Anhang:
Die Altdeutsche Kirchensprache.
Einleitung von Stefan Sonderegger
Groß-Oktav. IV, 6, 171 Seiten. 1970. Ganzleinen DM 42,—
ISBN 3 11 006365 4 (Band 1)

Dieter Furrer

Modusprobleme bei Notker
Die modalen Werte in den Nebensätzen
der Consolatio-Übersetzung
Groß-Oktav. XIX, 201 Seiten. 1971. Ganzleinen DM 56,—
ISBN 3 11 001808 X (Band 2)

Bernhard Hertenstein

Joachim von Watt (Vadianus)
Bartholomäus Schobinger
Melchior Goldast
Die Beschäftigung mit dem Althochdeutschen
von St. Gallen in Humanismus und Frühbarock
Groß-Oktav. XII, 276 Seiten. Mit 12 Tafeln. 1975.
Ganzleinen DM 168,— ISBN 3 11 004292 6 (Band 3)

Ernst Bolli

Die verbale Klammer bei Notker
Untersuchungen zur Wortstellung in der Boethius-
Übersetzung
Groß-Oktav. X, 175 Seiten. 1975. Ganzleinen DM 78,—
ISBN 3 11 005841 3 (Band 4)

Preisänderungen vorbehalten

Walter de Gruyter
Berlin · New York

Quellen und Forschungen zur Sprach- und Kulturgeschichte der germanischen Völker

---

Albert von Augsburg
Das Leben des Heiligen Ulrich
Herausgegeben von Ernst Geith
Groß-Oktav. X, 97 Seiten und 2 Faksimiles. 1971. Ganzleinen DM 32,—
ISBN 3 11 001810 1 (Band 39/163)

Ilpo Tapani Piirainen
Das Stadtrechtsbuch von Sillein
Einleitung, Edition und Glossar
Groß-Oktav. 228 Seiten und 2 Faksimiles auf Kunstdruck. 1972.
Ganzleinen DM 68,— ISBN 3 11 003543 X (Band 46/170)

Eugen Nyffenegger
Cristân der Kuchimaister
Nüwe Casus Monasterii Sancti
Edition und sprachgeschichtliche Einordnung
Groß-Oktav. XII, 232 Seiten. 1974. Ganzleinen DM 124,—
ISBN 3 11 004098 0 (Band 60/184)

Reiner Hildebrandt (Hrsg.)
Summarium Heinrici
Band 1: Textkritische Ausgabe der ersten Fassung, Buch I—X
Groß-Oktav. XLIV, 404 Seiten und 16 Faksimiles. 1974.
Ganzleinen DM 196,— ISBN 3 11 003750 5 (Band 61/185)

Band 2: Textkritische Ausgabe der Zweiten Fassung
(Redaktion B, Buch I—VI) sowie des Buches XI
Groß-Oktav. Ca. 450 Seiten. 1980. Ganzleinen ca. DM 270,—

Ernst Götti
Die gotischen Bewegungsverben
Ein Beitrag zur Erforschung des gotischen Wortschatzes
mit einem Ausblick auf Wulfilas Übersetzungstechnik
Groß-Oktav. XII, 155 Seiten. 1974. Ganzleinen DM 86,—
ISBN 3 11 004331 9 (Band 63/187)

Preisänderungen vorbehalten